CONQUISTE O
EMPREGO
QUE DESEJAR

Luiz Cravo

CONQUISTE O **EMPREGO** QUE DESEJAR

© Luiz Cravo, 2024
Todos os direitos desta edição reservados à Editora Labrador.

Coordenação editorial PAMELA J. OLIVEIRA
Assistência editorial LETICIA OLIVEIRA, JAQUELINE CORRÊA
Projeto gráfico AMANDA CHAGAS
Diagramação ESTÚDIO DS
Capa RUBENS LIMA
Preparação de texto LUCAS DOS SANTOS LAVISIO
Revisão ESTÚDIO DS
Imagem da capa ©SHUTTERSTOCK/IMAGEFLOW
Imagens do miolo FREEPIK.COM, GERADAS VIA PROMPT MIDJOUNEY E FIREFLY

Dados Internacionais de Catalogação na Publicação (CIP)
Jéssica de Oliveira Molinari - CRB-8/9852

CRAVO, LUIZ
   Conquiste o emprego que desejar / Luiz Cravo.
   São Paulo : Labrador, 2024.
   160 p.

   ISBN 978-65-5625-542-2

   1. Desenvolvimento profissional I. Título

24-0631   CDD 658.3

Índice para catálogo sistemático:
1. Desenvolvimento profissional

Labrador

Diretor-geral DANIEL PINSKY
Rua Dr. José Elias, 520, sala 1
Alto da Lapa | 05083-030 | São Paulo | SP
contato@editoralabrador.com.br | (11) 3641-7446
editoralabrador.com.br

A reprodução de qualquer parte desta obra é ilegal e configura uma apropriação indevida dos direitos intelectuais e patrimoniais do autor. A editora não é responsável pelo conteúdo deste livro. O autor conhece os fatos narrados, pelos quais é responsável, assim como se responsabiliza pelos juízos emitidos.

AGRADECIMENTOS

Que toda a honra seja dada a Deus, o autor da vida e fonte de toda inspiração. Agradeço de coração a todas as pessoas e instituições que tornaram este livro possível. Em especial, gostaria de expressar minha gratidão a:

- Minha mentora maior e mãe, Sra. Maria Thereza da Conceição Z. Cravo, cuja sabedoria e experiência alicerçaram grande parte dos conhecimentos compartilhados nesta obra.
- Minha família, esposa, filhas e irmãos, pelo amor incondicional e apoio constante.
- Meus amigos e colegas, pelas valiosas contribuições e pelo estímulo durante todo o processo.
- TV Rede Master de Comunicação e seu CEO, Alex Filho, pelo apoio na divulgação deste trabalho.
- Equipe da Editora Labrador, pelos seus esforços dedicados e talentosos na produção deste livro.

Aos leitores antecipados que dedicaram tempo para fornecer feedback valioso:

- Laura Bacelar – Leitura crítica
- Tatiana Amaral, Hélio Amancio e Maeva Nobrega – Leitura de par
- Dany Sakugawa – Orientação em marketing editorial

A todos vocês, meu profundo agradecimento por fazerem parte desta jornada e contribuírem para o sucesso deste projeto. Suas influências e seu apoio foram fundamentais, e estou verdadeiramente grato a cada um de vocês. Que este livro possa inspirar e agregar valor às vidas daqueles que o leem.

Os melhores profissionais, donos de carreiras brilhantes, entendem que atuam em empresas, se esforçam para o sucesso dessas empresas, mas, simultaneamente e com grande sabedoria, trabalham dia a dia para construir a própria excelência, fazendo de sua atuação uma referência para o mercado hoje, amanhã e sempre.

Neste livro você fará o mesmo, atuar de forma estruturada na obtenção de seu emprego, ao mesmo tempo que se aprimora tornando-se um candidato e profissional mais qualificado.

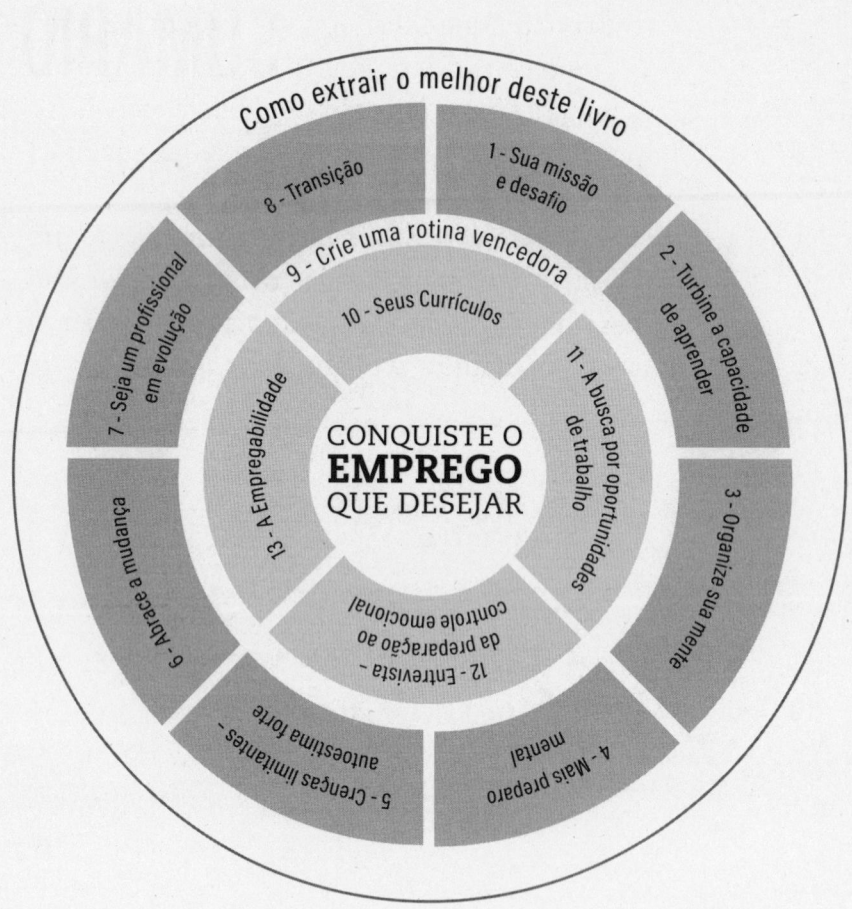

SUMÁRIO

- 11 .... Prefácio
- 15 .... Introdução
- 19 .... Como extrair o melhor deste livro
- 25 .... Qual sua missão e seu desafio
- 37 .... Turbinando sua capacidade de aprender
- 47 .... Organize sua mente
- 54 .... Mais sobre o preparo mental
- 59 .... Crenças limitantes, autoestima, mente forte
- 64 .... Abrace a mudança: seja um profissional em evolução
- 80 .... Transição
- 83 .... Crie uma rotina de trabalho
- 102 .... Seus currículos
- 119 .... Estratégias na busca por oportunidades e distribuição dos seus currículos
- 133 .... Desmistificando a entrevista: da preparação ao controle emocional
- 147 .... Os erros mais comuns em entrevistas
- 151 .... A empregabilidade
- 154 .... Palavras finais
- 156 .... Carta de Deus

PREFÁCIO

Convivo todos os dias com pessoas imersas na busca por uma colocação no competitivo mercado de trabalho. Algumas estão à procura de sua primeira oportunidade, outras foram desligadas e agora anseiam por se reinserir, e há os que, apesar de estarem empregados, almejam, por diversas razões, uma posição profissional mais satisfatória.

Independentemente da motivação de cada um e do grau de esforço que dedicam a essa empreitada, todos vivem um sentimento comum: o isolamento dessa jornada e a angústia por isso. Observo com nitidez os erros simples que cometem e a grande quantidade de dúvidas que carregam. Sempre nutri o desejo de auxiliá-los, tornando mais leve, eficaz e até prazerosa essa missão, compartilhando o conhecimento, as experiências e algumas das muitas técnicas e ferramentas que reuni ao longo de quase cinco décadas de trabalho diretamente com pessoas, treinando e qualificando profissionais das funções mais básicas a diretores e CEOs de grandes empresas, sendo que, dessas cinco décadas, nas últimas duas estive à frente também de uma agência de empregos.

Às vezes, eu me deparo com alguns candidatos que vão aos nossos escritórios deixar um currículo ou participar de uma entrevista. Percebendo-os aflitos, acabo por realizar, gratuitamente, uma verdadeira sessão de coaching de recolocação.

Nessas conversas, priorizo ouvi-los, afinal não é possível apoiar alguém sem antes entender suas dificuldades. Verifico, quase sempre, muita desorganização e a falta de um plano de ação que guie seus passos, que inclua uma rotina consistente, com um claro entendimento sobre por onde devem iniciar e, principalmente, como devem se preparar para isso.

Equivocadamente, a grande maioria acredita que pesquisar vagas de trabalho e escrever e mandar currículos é o começo. Pois não é! Mostrarei mais à frente que existem cuidados muito importantes que devem preceder essas ações e que vão potencializar muito a efetividade dessa busca!

Voltando às pessoas, ao ouvi-las, constato em algumas delas uma grande dificuldade em se manterem nos postos de trabalho que conquistam, o que acaba por resultar em seu retorno à condição de desempregadas e, consequentemente, em uma nova e dolorosa busca por outra oportunidade de trabalho.

Após essas conversas, seja com os iniciantes em busca do primeiro emprego, seja com os mais experientes, realizando um breve direcionamento, sinto-me muito recompensado e feliz ao ver o imediato resultado emocional que alcançam.

Quando entendem que, "com uma mudança em suas ações" e seguindo um bom plano, elas podem virar a chave, seus semblantes se transformam, expressando mais calma e confiança.

Isso porque entendem que podem sair de uma dura realidade da busca de um emprego para a conquista, não apenas do cargo, mas sim de algo ainda mais importante, adquirir uma nova e positiva perspectiva para sua vida profissional. *Isso, para mim, é muito gratificante!*

Então resolvi me colocar ao lado de um número muito maior de pessoas que apenas aquelas que vão aos nossos escritórios e, casualmente, contam com a "sorte" de receber uma orientação que, uma vez colocada em prática, muda sua relação com o mercado de trabalho de penosa para prazerosa, passando a obter melhores resultados na conquista e manutenção de bons empregos, remuneração melhor e, principalmente, maior satisfação e realização pessoal decorrentes de uma edificante e satisfatória relação com o mercado de trabalho.

Sair da condição de quem procura emprego para a de um profissional procurado e desejado pelo mercado de trabalho é uma conquista que muda a vida de qualquer pessoa e abre caminhos para uma carreira de sucesso.

O resultado da decisão que tomei você está lendo agora: escrever este guia na forma de livro.

Portanto, se for seu desejo, proponho-me, por meio deste guia, a caminhar lado a lado com *você* nesta busca, orientando-o na execução de uma estratégia de fácil entendimento que o levará a duas conquistas importantes:

1. A obtenção de bons empregos.
2. O desenvolvimento de "um conjunto de habilidades e competências" que o mercado procura e valoriza.

Ou seja, com este apoio, você atuará em duas frentes simultaneamente: ao mesmo tempo que trabalhará de forma estruturada e planejada na busca por sua colocação no mercado de trabalho conforme orientamos, você estará exercitando e desenvolvendo habilidades e competências que o transformarão em um candidato diferenciado e um profissional mais completo para as empresas e para toda a sua vida.

Vamos trabalhar juntos?

INTRODUÇÃO

Na minha perspectiva, o papel do trabalho em nossa vida vai muito além da mera provisão de sustento. Ele desempenha papel fundamental em nossa felicidade e na qualidade de vida que conseguimos desfrutar e proporcionar às pessoas que amamos, ao tempo que contribuímos para a sociedade como um todo.

O trabalho deve ser fonte de dignidade, enriquecendo nosso caráter, elevando nossa autoestima e nos fazendo sentir úteis tanto para nós mesmos como para aqueles com quem convivemos. Além disso, ele serve como trampolim para a realização de nossos sonhos e desejos mais significativos.

De fato, o trabalho é fonte preciosa de desenvolvimento humano. A cada dia, somos agraciados com a oportunidade de adquirir, aprimorar e desenvolver novos conhecimentos e novas habilidades. Entre todas essas habilidades, uma se destaca como a principal responsável pela nossa felicidade: nossa capacidade de cultivar e nutrir boas relações humanas.

Na Teoria das Relações Humanas, Elton Mayo e seus colegas afirmam que as pessoas são movidas pela necessidade de aprovação e pelo reconhecimento social das atividades grupais.

Aristóteles afirma que o objetivo maior de todas as pessoas é o "sumo bem", ou seja, a motivação e o objetivo final de todas as ações das pessoas é alcançar ou experienciar o "sumo bem", que é a *felicidade*.

Para mim, Luiz Cravo, o ser humano nasceu para ser feliz. Não estou negando a existência da infelicidade; ela é real, mas afirmo que se sentir infeliz não é o estado natural do ser humano. Vou esclarecer melhor minha afirmação usando uma analogia com a dor física. O estado natural de um ser humano saudável é não sentir dor física. A dor funciona como um alarme, um indicativo de que algo não está bem e precisa ser tratado, concorda? Quando a dor surge, as pessoas buscam ajuda, consultando um médico ou compreendendo que é necessário mudar hábitos ou comportamentos que causam dor. No entanto, ninguém se conforma com a dor. Para mim, a infelicidade deve ser abordada da mesma maneira. Quando ela surge, é preciso fazer mudanças, aprender coisas novas e encontrar novos caminhos que nos conduzam de volta à felicidade. Ninguém nasceu para ser infeliz; é necessário agir, pois a felicidade exige atitude.

O trabalho não pode ser entediante, maçante ou apenas um lugar onde se ganha dinheiro. Na verdade, ele é muito mais que isso. Dependendo de como o encaramos, pode se tornar a escola onde passamos a maior parte do tempo de nossas vidas, e, diferentemente de todas as outras onde se paga uma mensalidade, nele somos remunerados para aprender. Mas, infelizmente, a grande maioria desperdiça todo esse precioso tempo apenas trabalhando e em muitos casos de forma infeliz.

Assim, caro leitor, seguindo passo a passo esta estratégia, você conquistará também sua *empregabilidade*, que defino como a preciosa capacidade de reunir em você um *conjunto de competências e habilidades* que os contratantes procuram nas pessoas que eles querem para integrar seus times de trabalho. *Tê-las será o seu diferencial tanto na carreira como em quaisquer processos.*

Seu emprego e sua empregabilidade!

Quero lhe dizer que entendo exatamente como se sente uma pessoa desempregada, sem trabalho ou que se formou e quer trabalhar, mas encontra grande dificuldade para adentrar o mercado. Conheço a dor, a frustração e as dificuldades por que passa.

Está desempregado? Busca o primeiro emprego? Deseja uma colocação melhor? Acabou de se formar e está com dificuldade de se firmar no mercado? Sofre com esse tipo de incertezas e dúvidas: onde estou errando? Será que estou agindo corretamente? Será que meu currículo está bom? Como poderia melhorar? Como devo me comportar na entrevista, como me livro do nervosismo?

Trataremos aqui dessas e de outras dúvidas que você ou alguém próximo pode estar vivendo, pois sabemos do sofrimento que causam.

Não sei em que fase dessa jornada você se encontra, é possível que esteja cansado de distribuir currículos e de enfrentar filas ou, pior, exausto de tanto receber "nãos" do tipo: "Obrigado por participar do processo, mas não foi dessa vez", "lamentamos, mas essa vaga já foi preenchida".

Pior ainda é não receber nenhuma resposta, nada, apenas o silêncio perturbador. Tudo isso é frustrante, afeta a autoestima, pode causar "dor", ansiedade e abater o moral, levando a um desânimo que prejudica ainda mais a busca e, é claro, a qualidade de vida de quem está sofrendo as dores dessa jornada.

O telefone não toca, e você fica sem saber o que deu errado e por que não foi selecionado, o que o abate e torna o dia a dia da procura cansativo e desgastante.

Conforme o cargo, como o de gerência, diretoria, engenharia ou até o de CEO, do mais simples ao mais complexo, o processo pode ser diferente, sem a fila física, mas as dificuldades não mudam muito.

Também sei como se torna cada dia mais difícil reunir forças para seguir em frente nessa busca.

Queremos mudar essa realidade, ajudá-lo a ser mais efetivo, sentir-se melhor e mais positivo durante todo o processo, fazer dessa jornada uma experiência edificante e gratificante, que, além de colocá-lo em um bom emprego, transformará sua carreira profissional com ótimos reflexos em sua vida pessoal, melhorando o dia a dia em casa e o convívio familiar.

É hora de iniciar, vamos ao trabalho?

COMO EXTRAIR O MELHOR DESTE LIVRO

Você não está mais sozinho na busca por seu emprego! *Conquiste o emprego que desejar* foi criado para ser seu companheiro nesta jornada que costuma ser desafiadora sob muitos aspectos, então, durante a leitura, quero que perceba o texto como a voz de um companheiro mais experiente que não o está julgando, mas que entende como você pode estar se sentindo e sabe como apoiá-lo. Para isso, precisamos que sua relação com este livro não seja apenas de leitura, mas sim de proximidade e convivência diária em uma parceria estreita de trabalho até que nosso objetivo seja alcançado.

Vamos a algumas sugestões a seguir.

Onde você vai ler?

Não se trata de uma leitura de lazer, distração ou recreação, portanto seu local de leitura deve ser o mais semelhante possível a um escritório que você consiga organizar na sua casa. Será o seu local diário de trabalho em busca do seu emprego!

É muito importante que você entre em clima e ritmo de trabalho durante essa jornada, pois ela será muito mais que a procura por um emprego, será uma jornada de aprendizado e desenvolvimento de competências necessárias para seu objetivo. Além disso, é importante notar que o espaço que você escolher para organizar e utilizar durante essa jornada pode se tornar seu local de trabalho permanente após a conquista do emprego, considerando que o trabalho home office está se tornando cada vez mais comum a cada dia.

Tenha à mão: papel, lápis/caneta, agenda, caderno para anotações ou computador, tablet ou mesmo seu smartphone, conforme dispor ou preferir, porque atitudes práticas, como pesquisas de anúncios, vagas, variados estudos e, principalmente, tomadas de decisão, "escolhas" importantes que você deverá fazer para que alcance seu objetivo, lhe serão propostas e você precisará anotá-las, programar atividades, acompanhar sua execução e, para fazer isso bem-feito, terá que escrevê-las.

Não confie na memória e saiba que seu cérebro é muito valioso para ser ocupado com a lembrança de compromissos e o armazenamento de informações que podem facilmente ser colocadas em uma agenda ou um cronograma de trabalho, afinal hoje você conta com aplicativos dotados de alarmes e lembretes para fazer isso por você.

Leia sempre com um lápis ou um marca-texto na mão e anote, sublinhe ou marque tudo que lhe chamar a atenção e escreva decisões e atitudes que resolver colocar em prática nos espaços específicos propositalmente deixados ao longo dos capítulos. Ao incluir páginas em branco, estamos proporcionando a você preciosas oportunidades de registrar insights, escolhas e decisões decorrentes do conteúdo que acabou de ler. Essa abordagem interativa induz uma participação ativa, permitindo-lhe refletir sobre a narrativa, estabelecer conexões pessoais só suas e envolver-se com os temas apresentados em um nível mais profundo.

Importante: essas anotações pessoais podem se tornar um recurso valioso, proporcionando a você uma oportunidade única de autodescoberta e crescimento à medida que avança em sua jornada pelas próximas páginas.

É um grave erro subestimar o poder das anotações, isso é muito mais importante do que você pode imaginar. Por quê? Porque, à medida que você avança na implantação das estratégias propostas, vai querer rever trechos e decisões que tomou, e não será nada eficiente procurá-las nas páginas que já leu.

Se você ainda não está convencido do poder das anotações, aqui vai uma forte evidência:

Quase sempre, ao conduzir processos de coaching com executivos, que geralmente são profissionais maduros e ocupam cargos de elevada responsabilidade, ouço relato deles sobre a grande evolução que conquistaram ao ado-

tarem de forma disciplinada e contínua o simples hábito de anotar diariamente suas atividades realizadas e programar as atividades para o dia seguinte, incluindo feedbacks e acompanhamentos a serem executados.

Não desperdice tempo resistindo a novas práticas; abandonar velhos hábitos e adotar um "novo" são habilidades altamente apreciadas no mercado de trabalho. Comece essa transformação agora e incorpore essa competência!

Vale ressaltar que, a partir de agora, estamos trabalhando juntos para torná-lo o profissional que o mercado procura!

Ao longo deste livro, você encontrará alguns "pergaminhos" que oferecem conhecimentos de grande valor para a construção de uma carreira sólida e bem-sucedida. Estude-os, incorpore esse conhecimento e faça bom uso dessas informações. O primeiro deles é esta pequena história que evidencia a importância do especialista:

> *Primeiro pergaminho*
>
> *Certa ocasião, já empresário, fui convidado por uma multinacional a participar de um processo para a escolha das empresas que seriam distribuidoras de seus cobiçados produtos. Era uma oportunidade incrível! Montamos uma equipe — um sócio, três gerentes e eu — e nos dirigimos ao hotel onde o processo aconteceria. Ao chegarmos lá, descobrimos, para a surpresa de todos, que o processo se daria na forma de um jogo chamado: The King of Gold of Desert, com mais de uma dúzia de empresas competindo. Então foram apresentadas as regras: havia no deserto uma montanha repleta de ouro a três dias de*

distância. As equipes receberiam 100 litros de água, e a cada dia de viagem consumiríamos 10 litros, além de mais 10 litros por dia extraindo ouro na montanha. Cada dia de extração renderia 2 quilos de ouro; era possível viajar mais rapidamente, porém o consumo d'água seria proporcional, por exemplo, se optássemos por completar a jornada em dois dias, gastaríamos 30 litros; mas isso reduziria o estoque de água para garimpar e retornar à cidade. Vencem o jogo as 4 equipes que chegarem primeiro e com a maior quantidade de ouro.

Antes de ser dada a largada, os mediadores informaram que na cidade havia um velho muito respeitado que conhecia a região e poderia ser consultado antes da partida, mas isso custaria 2 dias de viagem e 20 litros de água. Todas as equipes partiram imediatamente para a montanha, só a nossa equipe, após uma acalorada discussão, decidiu consultar o velho. Conclusão, vencemos o jogo, partimos dois dias depois dos demais, mas chegamos em primeiro, com a maior quantidade de ouro e ganhamos a representação para três estados.

Moral da história e a primeira pista do segredo para a carreira de sucesso é: sempre há um especialista, ouça-o, ele sabe o que você pode levar anos para aprender ou não aprender nunca! Mas o que o velho disse? Simples: ele disse que na montanha havia uma mina de água! Fomos em 1 dia, 30 litros de água; voltamos em 1 dia, mais 30 litros de água; pagamos 2 dias pela consulta, tivemos 6 dias para garimpar, ou seja, obtivemos 12 quilos de ouro. Os demais garimparam apenas 8 quilos, e houve quem ficasse no deserto com 10 quilos de ouro, mas sem água suficiente para retornar. Não se trata apenas de entender que "sempre há um especialista" e que, se consultado, poderá poupar-lhe muito tempo, dinheiro e sabe-se lá mais o quê. Há, contudo, uma outra questão tão ou até mais importante, que é o controle emocional, a calma e a serenidade para pensar, controlar a ansiedade e tomar a melhor decisão. No exemplo, não havia a menor dúvida, da minha parte, de que o sábio precisaria ser consultado. No entanto, controlar a ansiedade e o estresse da nossa equipe foi o grande desafio, pois todos estavam seguros de que deveríamos iniciar logo, sair na frente e vencer o jogo. Afinal era o que todos estavam fazendo. Entretanto, se assim tivéssemos procedido, a representação daquela multinacional de telefonia, para três estados, teria ido para outra empresa.

QUAL SUA MISSÃO E SEU DESAFIO

Quero começar tranquilizando você! Sua tranquilidade fará toda a diferença neste processo de conquista do seu emprego. Para isso vou lhe contar uma história que se aplica muito bem a esse momento. Talvez você já a conheça, mas nunca a ouviu relacionada à conquista de um emprego. Portanto, vamos a ela:

Em um acampamento nas savanas africanas, dois amigos saíram para dar uma volta a pé, próximo a suas barracas. Os dois estavam descontraídos, de bermuda, descalços e sem camisa, bem à vontade, porém um deles colocou em volta do pescoço, amarrado pelos cadarços, seu par de tênis.

De repente os dois avistam um leão alguns metros à frente... silêncio total, muita tensão no ar, os dois ficam parados e completamente imóveis!

O leão, em posição de ataque, também parado, olha fixamente para os dois.

O que estava com o par de tênis começa, lentamente, a se abaixar, e o amigo pergunta bem baixinho:

— O que você está fazendo?

E ele responde:

— Vou calçar meus tênis!

O amigo interpela cochichando:

— Ora, que besteira! Você acha que por estar de tênis o leão não vai atacá-lo?

O amigo responde:

— Claro que não! Mas com certeza correrei mais rápido que você!

———

Quem você acha que sobreviveu?

Bem, eu sinceramente espero que tenham sido os dois, mas com certeza o mais bem equipado teve maiores chances.

Muito bem, esse é exatamente o meu propósito em relação a você com este livro! Quero que seja o mais bem preparado para vencer a concorrência e conseguir o seu trabalho.

Exatamente como no caso dos dois amigos na savana enfrentando o leão; quando disse que espero que os dois tenham sobrevivido, eu também gostaria que houvesse trabalho para todos, mas esta não é a realidade, ao menos a realidade atual; na verdade, vivemos altos índices de desemprego, mas também de aguda carência de pessoas preparadas para ocupar as vagas oferecidas, por tudo isso é muito importante estar preparado para lidar com *"o mercado como ele é!"*, parafraseando Nelson Rodrigues.

Espero que tenha ficado claro que, na busca por seu emprego, às vezes você precisará fazer de modo "diferente" aquilo que fazia e talvez precise fazer outras coisas que nunca tenha feito para se diferenciar, ampliar as suas chances e entrar em harmonia com o mercado de trabalho.

Mas, lembre-se, a partir de agora você não está mais sozinho nessa missão! Eu estarei ao seu lado, ou melhor, bem à frente dos seus olhos, apoiando-o e incentivando-o passo a passo nesta caminhada para que tenha êxito em sua conquista.

Vamos falar sobre *compromisso*.

Aqui proponho firmarmos um compromisso mútuo, em que *eu* me comprometo a disponibilizar a *você*, na forma de estratégia, um conjunto de técnicas e ferramentas com instruções sobre como usá-lo, para que você alcance seu objetivo.

E *você*, leitor, também precisa assumir um compromisso!

Você precisa se comprometer a colocar em prática "com entusiasmo" cada ação proposta exatamente como indicado, você pode aprimorar, adaptar ou personalizar sua forma de execução, mas não pode se furtar de cumprir a essência de cada ação proposta, ou seja, deixar de fazer.

Informação sem ação não acrescenta nada à sua jornada.

Para que você tenha a máxima efetividade na conquista do seu objetivo, proponho que faça deste livro um companheiro inseparável neste "novo trabalho", que é uma busca planejada, organizada e disciplinada por uma boa colocação no mercado de trabalho.

Encare como um "processo de coaching", em cujo transcorrer, o *coachee*, você, a pessoa que recebe o apoio, tomará decisões, e essas terão de ser implementadas por meio de atitudes concretas e execução prática.

Fazendo isso, eu lhe asseguro, suas chances de sucesso serão ampliadas de forma muito significativa.

Não se trata apenas de um livro para ler, mas sim para ser vivenciado e utilizado como um mapa durante uma jornada que amplia suas chances de chegar ao seu destino com segurança. Vamos chamá-lo "seu GPS" para conseguir trabalho, desenvolver empregabilidade e fazer da área profissional em sua vida uma área de realização e felicidade.

Por que friso e dou tanto destaque à empregabilidade? Por uma razão muito simples, sempre em meus treinamentos faço a seguinte pergunta aos treinandos em sala: "Até quando em sua vida você vai precisar obter renda, todos os meses, para se manter e manter sua família?".

Ouço muitas respostas, mas invariavelmente a conclusão final e coletiva é que será por toda a vida. Toda a vida! Ora, nós esperamos que seja por muito tempo, certo?

Logo, é muito razoável supor que as pessoas não precisam apenas de um emprego, elas precisam de renda mensal para toda a vida. Há muitos caminhos para isso, mas, se uma pessoa conseguir reunir em si competências e habilidades que o mercado de trabalho valoriza e procura nos profissionais, essa pessoa não terá dificuldades em ter seu emprego hoje, amanhã e depois, eu chamo isso de empregabilidade.

As competências as quais vamos apoiá-lo a desenvolver são também muito importantes para empreendedores, pessoas que chegam a ter seu próprio negócio, assim como pode vir a acontecer com você também. Hoje um emprego, amanhã seu próprio negócio! Quem sabe o que o futuro nos reserva, principalmente se nos dispormos ao desenvolvimento pessoal e profissional?

Por isso vamos trabalhar juntos aqui e agora para que você tenha seu emprego, mas vamos fazê-lo de tal forma que ao mesmo tempo você desenvolva empregabilidade. Ok?

Vamos em frente!

Semelhante a um processo de mentoria, deixo a seguir o primeiro espaço para que você, de próprio punho, escreva se aceita o compromisso proposto!

Sugiro que escreva na primeira pessoa e de forma afirmativa, por exemplo:

Me comprometo a seguir passo a passo as orientações propostas nesta jornada e a executar de forma completa e comprometida aquilo que eu entender que será construtivo e positivo para alcançar minha meta.

Nos próximos capítulos, deixarei outros espaços como este para que faça suas anotações; se estiver lendo na versão e-book, recomendo que utilize uma pasta no computador ou um caderno, como já mencionamos. Se optar por um caderno, escolha um do tipo universitário com múltiplas matérias, dez ou doze, e use uma matéria para suas anotações referentes a cada capítulo.

Reforçando: suas anotações serão muito importantes para você por três motivos, e vou explicá-los:

1. Ao expressar suas decisões por escrito, opte por uma abordagem afirmativa. Por exemplo, "decidi que todos os dias vou..." (complete com sua decisão). Ao fazer isso, você reforçará sua escolha, registrando-a e assumindo um compromisso consigo mesmo de levá-la adiante.
2. No futuro, suas anotações vão lembrá-lo do que você leu e, principalmente, do que "decidiu" fazer com base na leitura. Acredite, ao longo do processo, você desejará e precisará ver e rever várias vezes essas decisões para verificar se está, de fato, colocando em prática o que decidiu executar. Vou trazer aqui uma informação muito importante para quem deseja se tornar um candidato e um profissional diferenciado: um dos maiores problemas enfrentados por empresas e administrações, de modo geral, é a "falta de continuidade" em suas decisões ou estratégias. É incrível a frequência com que boas e até ótimas ideias ou estratégias são adotadas, geram ótimos resultados, mas, sem que ninguém saiba exatamente por que, elas simplesmente são descontinuadas. Ora, as empresas são feitas por pessoas, e não dar continuidade a boas práticas é uma dificuldade comum entre as pessoas. Portanto, é bem possível que, aqui nesse processo, isso aconteça também com você. Daí a importância de suas anotações, elas vão relembrá-lo de

suas escolhas, de suas decisões e dos planos de ação que você decidiu implementar. E eu lhe asseguro que, mesmo anos depois de ler *Conquiste o emprego que desejar*, ao longo de sua carreira profissional, será muito importante você reler tudo o que anotou. Falo porque vejo isso com muita frequência quando encontro profissionais que tive a oportunidade de apoiar anos atrás, e eles me dizem que sempre recorreram às anotações que fizeram naquele período e que fazer isso os ajudou muito. Com você não será diferente. E lembre-se, ao desenvolver e incorporar a competência de "dar continuidade ao que inicia, resolver ou escolher", você se tornará um profissional significativamente diferenciado e, portanto, desejado pelas empresas, conferindo-lhe empregabilidade. "Calce esse tênis."

3. Ao anotar cada uma dessas ações que você decidiu colocar em prática, seja específico, determine prazos, estabeleça datas; se envolver quantidade ou número de vezes que fará determinada ação, anote quantas serão. Tudo deve ficar claramente definido para executar e concluir a ação correspondente, por exemplo: imagine que João decidiu que, a partir de agora, mesmo ainda não tendo seu emprego, vai manter uma rotina diária, encarando-a como "seu novo trabalho" até conseguir seu emprego! Ao escrever essa decisão, ele deve imediatamente construir uma agenda com suas atividades diárias para que tenha sucesso nesse novo trabalho, certo?

Por exemplo:

- Acordo todos os dias, de segunda a sexta, pontualmente, às 6h da manhã.
- Pratico diariamente 30 minutos de atividade física das 6h15 às 6h45 (anote a atividade que escolheu: correr, caminhar, fazer exercícios na praça, academia etc).

A data e a hora que você escolheu para determinada atividade são de grande importância, pois pode se tratar de uma atividade nova para você, e, quando queremos incorporar novos hábitos, enfrentamos grande dificuldade, que, ao contrário do que muitos pensam, "não é fazer aquilo que decidimos fazer e é novo para nós, mas sim deixar de fazer o que fazíamos antes naquele horário escolhido para fazer a nova atividade".

Não quero ser muito técnico, mas estamos falando aqui de ligações neurais. Tudo que aprendemos ou fazemos está armazenado no nosso cérebro na forma de "ligações neurais". Quanto mais antiga é uma informação, um hábito ou um costume que temos, mais forte é essa ligação neural. Logo, mais difícil de desfazê-la, e muito mais presente ela será na hora de fazermos algo.

Então, voltando para o exemplo do João, se ele sempre teve o hábito de ficar na cama até as 7h, e agora decidiu que vai se levantar às 6h e ainda fazer atividade física, João vai enfrentar muitas ligações neurais antigas que tenderão a sabotar suas novas escolhas, ou seja, seu cérebro vai instintivamente querer que ele faça o que fazia antes: ficar na cama até as 7h.

O que estou falando é que você precisa se cercar de informes e lembretes a respeito de suas novas escolhas e decisões, você vai precisar usar disciplina, não importa se historicamente você é uma pessoa com pouca ou nenhuma disciplina, o que importa é que *a partir de agora* você deverá desenvolver ou ampliar sua disciplina e, para fazer isso, precisa de desafios, exatamente como esse do João ou outros similares.

"Insanidade é continuar fazendo sempre a mesma coisa e esperar resultados diferentes." – Albert Einstein

---

Portanto, cada nova ação, prática ou rotina que decidir adotar ao longo desta jornada, e vamos propor várias, deverá ser escrita, e você precisará criar uma periodicidade para elas, por exemplo, diariamente, três vezes por semana, semanalmente, mensalmente ou, conforme a ação, pode ser apenas uma data ou prazo final indicando a conclusão da tarefa.

Tratando-se de uma decisão que exija várias etapas de execução até sua conclusão, ou seja, um conjunto de pequenas metas que o levarão a um objetivo, neste caso, você deverá determinar e anotar uma data para cada etapa e fixar a data final para o objetivo.

Vamos ver outro exemplo:

Maria do Socorro, após pesquisar inúmeras vagas de emprego, selecionou dez de seu interesse; então Socorro deverá preparar dez currículos, devidamente ajustados para cada uma dessas vagas (mais adiante, no capítulo *Seus currículos*, vou explicar por que dez currículos diferentes para dez vagas diferentes). Agora vamos apenas nos fixar no entendimento do exemplo de Maria do Socorro no que se refere ao planejamento.

Nesse exemplo, Maria do Socorro tem de programar diversas tarefas e uma data específica para cada uma delas, até a conclusão completa do objetivo da tarefa, que será concluir a confecção e entrega dos dez currículos.

Para essa tarefa, como exemplo, vamos estabelecer um prazo total de oito dias.

Maria do Socorro precisará estudar os dez cargos e as dez empresas para fazer bons currículos individuais e bem ajustados a cada uma das oportunidades (no capítulo *Seus currículos*, também explico como estudar um cargo e uma empresa).

Então, Maria do Socorro divide as dez oportunidades em dois grupos: o primeiro com as cinco vagas de seu maior interesse e o segundo com as outras. Após isso, ela planeja quatro dias de trabalho para cada grupo de oportunidades, sendo dois dias para estudar os cargos e as empresas e escrever esses cinco primeiros currículos, deixando mais dois dias para entregá-los.

Portanto, somando os dois grupos, seu prazo total será de oito dias para a conclusão da tarefa.

Foi apenas um exemplo, mas será exatamente esse tipo de planejamento estruturado que você deverá adotar durante esse processo e, depois de praticá-lo, não deixe de incorporá-lo e exercê-lo sempre em sua vida profissional, pois posso lhe assegurar que essa é uma competência muito valorizada e procurada nos profissionais.

Não sabe trabalhar com planejamento, datas e prazo? Essa é uma limitação muito comum entre os candidatos, e será exatamente colocando em prática as atividades propostas aqui que você começará a se diferenciar.

Calce seu tênis

Estudar as empresa e os cargos >> Escrever os currículos >> Realizar as entregas

Chegou o segundo momento que destinamos para suas anotações, então faça bom uso dele.

TURBINANDO SUA CAPACIDADE DE APRENDER

Creio que está ficando claro que, para alcançar qualquer coisa na vida e superar dificuldades, será necessário aprender algo que ainda não sabemos. Aliás, pessoalmente, acredito que a vida é um ciclo de aprendizado, e ela, por si só, encarrega-se de nos apresentar constantemente novos desafios que exigem de nós novos conhecimentos.

Portanto, é lógico entender que o caminho mais rápido para enfrentar novos desafios é ampliar nossos conhecimentos, aprimorar nosso entendimento e, principalmente, desenvolver habilidades em "aprender". Dessa forma, decidi trazer para você um estudo que considero muito eficaz, do educador americano Edgar Dale, um estudioso genial que elaborou o "cone do aprendizado", o qual pode ajudá-lo a acelerar seu processo de aprendizado. Veja como é prático:

Cone do aprendizado		
Depois de duas semanas tendemos a nos lembrar de:		Natureza do envolvimento
90% do que dizemos e fazemos	Colocando em prática	Ativa
	Simulando a experiência real	
	Fazendo uma apresentação dramática	
70% do que dizemos	Conversando	
	Participando de um debate	
50% do que ouvimos e vemos	Vendo a tarefa concluída no local	Passiva
	Assistindo a uma demonstração	
	Vendo uma exposição	
	Assistindo a um filme	
30% do que vemos	Olhando fotos	
20% do que ouvimos	Ouvindo palavras	
10% do que lemos	Lendo	

Fonte: Cone do aprendizado, adaptada de Dale (1969).

O cone sugere que a retenção de informações é mais eficaz quando estamos envolvidos em atividades específicas, em vez de apenas receber informações passivamente. Aqui estão as formas representadas no cone do aprendizado, em ordem crescente de retenção:

1. **Lendo:** 10% de retenção.
2. **Ouvindo:** 20% de retenção.
3. **Olhando fotos:** 30% de retenção.
4. **Assistindo a um filme ou a uma demonstração:** 50% de retenção.
5. **Vendo uma exposição ou uma tarefa concluída no local:** 50% de retenção.
6. **Conversando ou participando de um debate:** 75% de retenção.
7. **Fazendo uma demonstração, praticando ou simulando a experiência real:** 90% de retenção.

Note o quanto se eleva o aprendizado nos dois últimos itens. A principal lição do cone do aprendizado é que comportamentos ativos de aprendizado, nos quais nos envolvemos de maneira mais direta e prática, tendem a resultar em maior e mais rápida retenção das informações. A passividade, como simplesmente ouvir palestras ou ler, tem uma taxa de retenção mais baixa.

Por isso nossa proposta de que sua interação com este livro seja a mais ativa e prática que conseguir, pois assim seus resultados serão alcançados de forma mais rápida. Essa representação destaca a importância da participação ativa, prática para um aprendizado mais eficaz. No entanto, é importante observar que as taxas exatas de retenção podem variar de pessoa para pessoa, e a combinação de diferentes métodos de aprendizado pode ser a abordagem mais eficaz para determinado indivíduo.

Leia e estude com atenção o cone do aprendizado e transforme o modo e a velocidade com que aprende coisas novas, ele é uma das mais ricas orientações sobre "como aprendemos".

Observe detalhadamente e com calma o cone e veja que, quando interagimos passivamente com a informação — lendo, ouvindo, olhando fotos, assistindo a um filme ou a uma demonstração e vendo algo ser feito —, retemos apenas de 10% até no máximo 50% dela, isso é muito pouco, por isso muitas pessoas acham difícil aprender!

Mas veja que, quando passamos a interagir ativamente com a informação — escrevendo, discutindo o assunto, fazendo uma apresentação dramática ou colocando em prática a informação —, o nosso nível de absorção do conhecimento passa para um patamar de no mínimo 70%.

Não é incrível e simples isso? Pois é, sempre me pergunto por que não nos ensinam isso na escola. Parece que gostam de guardar segredos, será? Ou eles não sabem? Enfim, o importante é que agora você sabe e poderá usar isso para adquirir incontáveis conhecimentos em sua vida.

Escrever é uma postura ativa, por isso escreva! Por esse motivo deixamos as páginas com espaços para você escrever; leia e releia suas anotações e, principalmente, pratique o que estamos lhe propondo aqui!

Será muito benéfico para você tentar explicar a alguém ou a um grupo de pessoas o que você leu, bem como compartilhar sua perspectiva sobre como pretende agir e colocar em prática seus novos conhecimentos.

O simples ato de compartilhar ou explicar para alguém a que conclusão chegou fortalece muito seu entendimento e assimilação das informações que obteve e das decisões que tomou, pois essa também será mais uma postura ativa de interação que você terá com o conhecimento e a escolha feita.

Fale com seu marido, sua esposa, seus filhos, enfim, com alguém que seja próximo a você e demonstre boa vontade em apoiá-lo, uma pessoa positiva que torça pelo seu sucesso e se disponha a ouvi-lo.

A prática é o caminho mais eficiente para absorver a informação, transformando-a em conhecimento e, logo, em novo comportamento.

A prática continuada de determinada ação nos leva a desenvolver habilidade em fazê-la.

A habilidade é o estado mais avançado do conhecimento, ter habilidade é alcançar o estado de "domínio do conhecimento", o que faz de você uma pessoa "competente", e, tratando-se de trabalho ou emprego, todos sabemos que competências são muito apreciadas e valorizadas.

Domínio do conhecimento ocorre quando realizamos determinada atividade, com tal naturalidade e destreza, que nem precisamos pensar para fazê-la, simples e naturalmente a fazemos e a fazemos bem-feito.

Um bom exemplo do que estamos falando é dirigir um automóvel. No início, logo que aprendemos e já temos até a carteira de habilitação, para dirigir precisamos pensar se é ou não a hora de ligar a seta, pisar no freio ou trocar a marcha nos carros manuais.

Com a prática repetida, adquirimos habilidade ao volante e passamos a dirigir sem ter de pensar, fazemos tudo naturalmente com habilidade e eficiência, e, quanto maior a prática, maior será a habilidade.

Você pode estar pensando: "Mas tem pessoas que não aprendem nunca a dirigir!". É verdade, mas, acredite, faltou prática! Algumas pessoas precisam praticar mais que outras para adquirir determinado conhecimento, e, quando isso acontece, muitas dessas pessoas desistem, muitas vezes por se compararem a outras que aprendem mais rápido, o que é lamentável, pois a prática continuada a levaria a conseguir seu objetivo.

Assim é com tudo na vida, e essa será uma das nossas estratégias: iremos propor ações práticas para você como a do exemplo do João (ver p.32). Ao executar essas e outras ações propostas, você caminhará na direção de obter o seu emprego e ao mesmo tempo irá aprimorar ou desenvolver novas competências, o que lhe fará um candidato muito mais forte.

O que temos nesse processo não é difícil, e você verá isso nas próximas páginas.

Mas esteja certo de que terá de *agir*, com disciplina, força de vontade e determinação até conseguir o que deseja, "mãos à obra". *Até conseguir o que deseja!* Ficou claro?

O resultado será muito recompensador, pois, além de conseguir seu emprego, você desenvolverá competências muito valorizadas no mercado de trabalho e na vida.

O cone do aprendizado, além de ajudá-lo nesse processo de "turbinar" sua capacidade de aprender e, consequentemente, de ensinar, será um ótimo aliado no dia a dia de sua vida profissional e pessoal. No exercício da liderança de pessoas no trabalho, uma das competências mais desejadas pelas empresas em seus colaboradores é exatamente a capacidade de se comunicar, transmitir conhecimento e fazer as pessoas entenderem suas tarefas e seus objetivos, ter essa capacidade credencia um profissional a ocupar cargos de liderança. Mas não é só na vida profissional que essa competência tem grande valor, em trabalhos sociais, na igreja e, principalmente, na educação dos seus filhos também. A propósito de seus filhos ou outras crianças, leia com elas, em forma de brincadeira, o cone do aprendizado, crie joguinhos de grupo, por exemplo, o da memória, perguntando-lhes: "O quanto aprendemos quando lemos? E lá vai uma prenda para quem acertar!". Outra pergunta: "O quanto aprendemos quando fazemos uma apresentação dramática? E lá vai outra prenda!". Que legal, brincando é que se aprende mais e mais. Isso vale tanto para elas como para você!

Chegou a hora de fazer novas anotações, agora sobre o cone do aprendizado. Ele é tão importante que merece um espaço de reflexão e anotação só para ele! Vamos lá, não economize, escreva o que chamou sua atenção, o que decidiu fazer com essas informações e como vai colocá-las em prática.

Quando digo que o que temos para você não é difícil, *não* estou dizendo que será moleza, mas, para quem decidiu virar a página do desemprego, construir uma carreira bem-sucedida e ter felicidade em sua vida profissional, o esforço será amplamente recompensador.

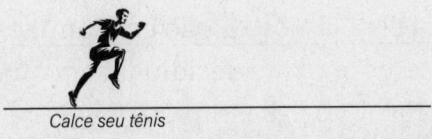

Calce seu tênis

Disciplina é uma competência fundamental: organização, boa administração do tempo, pontualidade, planejamento com divisão de tarefas, foco no que está fazendo, capacidade de eliminar interferências, força para lidar com a mudança e capacidade de aprendizado. Isso tudo forma um poderoso conjunto de competências que vamos orientá-lo, passo a passo, a colocar em prática e desenvolvê-las no nível de habilidade.

Conforme já citamos de Albert Einstein: "É insano fazer sempre a mesma coisa e esperar resultado diferente". Então vamos ver o que, exatamente, você vai fazer diferente a partir de agora para conseguir seu emprego. Afinal, é isso que buscamos, certo?

Utilize a tabela a seguir para criar duas listas: a primeira contendo os novos hábitos que você reconhece que deve adotar e a segunda com aqueles que você precisa abandonar. É sempre útil solicitar sugestões de itens para essas listas a pessoas que desejam o seu bem e torcem pelo seu sucesso. Se optar por ouvi-las, lembre-se de agir com cautela, pois você pode receber feedbacks que não lhe agradem. Esteja aberto para receber essas sugestões com serenidade, pois muitas vezes não enxergamos claramente nossos pontos de melhoria. Se o fizéssemos, já teríamos evoluído. Compreende?

Novos hábitos	Hábitos a abandonar

Neste novo espaço para suas anotações, escreva o que exatamente você entende que precisa fazer diferente do que fazia para conseguir seu objetivo.

Analise a lista dos hábitos novos que você entende que precisa incorporar e escreva como pretende fazer isso.

Se houver, analise a segunda lista, a dos maus hábitos que você precisa abandonar, e escreva como exatamente pretende fazer isso.

Segundo pergaminho

Aprendizagem contínua: o poder da transformação reside na coragem de abandonar o conhecido, desafiar o status quo e abraçar uma jornada em busca de uma versão aprimorada de si mesmo. A capacidade de aprender e se adaptar é essencial em um mundo em constante mudança. Ter uma mentalidade aberta e disposição para adquirir novos conhecimentos e habilidades permitirá que você se mantenha atualizado e relevante em sua área de atuação. O aprendizado, como você viu no cone, requer disciplina e força de vontade para a prática repetida que leva ao domínio do conhecimento.

ORGANIZE SUA MENTE

Como isso é importante.
Um dia, talvez, eu escreva um livro inteiro somente sobre esse tema com o título *Organize sua mente*, pois acredito que isso pode ampliar significativamente as chances de qualquer pessoa na vida, bem como, é claro, em processos seletivos. Quando alguém está confiante, demonstrando otimismo, disposição e proatividade, suas oportunidades se expandem consideravelmente.

Muitas pessoas boas não se saem bem por transparecer insegurança e falta de confiança, ausência de atitude positiva e entusiasmo. Isso costuma ser reflexo de uma atitude mental negativa ou pessimista.

Nós precisamos afastar tudo isso de você, dando lugar a uma atitude confiante e positiva!

Estou falando de um desafio, pois, mesmo vivendo o desemprego, as adversidades e as preocupações que isso acarreta, somados, ainda, ao desgaste dos diversos processos seletivos ou a falta deles, mesmo lidando com tudo isso, o seu estado emocional precisa se manter positivo e otimista!

Primeiro quero dizer que é possível, sim, estar momentaneamente desempregado e, ainda assim, manter uma atitude positiva e construtiva como quem enfrenta um desafio, mas confia que vai vencê-lo porque está *trabalhando* para isso!

Você e eu sabemos que esse estado de espírito positivo não vai cair do céu, ele terá que ser cultivado, será produto de um trabalho diário com o objetivo de criá-lo, alimentá-lo e conservá-lo.

Qualquer conquista ou realização que obtemos na vida, antes de ela se materializar no aqui e agora, acontece em nossa mente.

Aqui vamos cuidar disso com carinho e atenção especial junto a você, pois sabemos que, mesmo agindo de forma diferente, colocando em prática as estratégias que vamos repassar, mesmo assim fará parte desse caminho ouvir alguns "nãos" ou viver algumas frustrações por não ser chamado para um ou outro processo, ou ser chamado, mas não ser o selecionado. Quero dizer que *tudo isso faz parte* desses processos e pode acontecer, e possivelmente acontecerá, até que finalmente chegará o momento em que você ouvirá o seu sim.

Por isso quero que saiba que muitos desses "nãos" que talvez já tenha ouvido e possivelmente possa ouvir novamente podem não ter nenhuma relação com suas competências, com seu currículo ou suas experiências, tampouco com seu desempenho na entrevista.

É isso mesmo, você precisa saber que muitas vezes a escolha de um candidato em um processo seletivo é decidida por um detalhe de que o candidato não tem como ter a menor ideia, pode estar totalmente fora dos critérios que você pode imaginar. São critérios não declarados no processo, que a empresa não precisa e às vezes não pode informar.

E falo isso com a experiência de quem vem há muitos anos (mais de trinta) conduzindo processos e participando da decisão de escolha final dos candidatos.

Não é justo nem positivo que o candidato carregue consigo o peso ou a culpa por não ter sido selecionado. Veja alguns exemplos de critérios que já vi serem decisivos nos processos: endereço; idade, procuravam alguém mais maduro ou mais jovem; alguém com determinada vivência específica ou outro critério qualquer que não dependia do indivíduo.

Então, caro leitor, o não é tão e somente isto: um não! E, ao recebê-lo, você deverá conter sua imaginação e evitar pensamentos e sentimentos negativos que em nada vão contribuir com você, muito pelo contrário, poderão, sim, ser fortemente desfavoráveis e inoportunos, além de quase sempre estarem equivocados!

É disso que estou falando quando digo terá de gerenciar pensamentos, sentimentos e emoções.

Aqui, em vez de agir espontaneamente e de forma impensada, dando vazão ao pessimismo, ao negativismo, à raiva ou ao inconformismo, você deverá "escolher" ser positivo e otimista.

Você pode estar se perguntando: "Mas como eu faço isso?".

E eu lhe respondo: propondo uma estratégia provada e comprovada de pensamento positivo e construtivo, a saber: "Ok, muito bem, não foi desta vez, mas o meu esperado sim agora ficou mais próximo, afinal acabo de eliminar mais um não que estava em meu caminho, separando-me do meu sim!".

Na busca por um emprego, um não em determinada altura pode ter sido uma bênção, pois pode ter permitido que você chegasse a um sim "muito melhor" que estava reservado para você logo ali à frente.

Passamos por muitos nãos até alcançarmos os "sins" que buscamos na vida.

Essa filosofia ou forma de pensar é muito importante, forte e positiva; e você precisará incorporá-la para manter-se otimista e positivo neste seu novo trabalho, agora estruturado, de procura por um emprego até que chegue o seu sim! Aquele sim que o está esperando! Fui claro?

Essa é uma crença positiva e impulsionadora, o tipo de pensamento que o coloca para a frente e o fortalece. Mais adiante falarei sobre crenças.

De onde vem essa filosofia e como ela é provada todos os dias?

Além de se ajustar como uma luva à situação de quem busca uma colocação no mercado de trabalho, esse mesmo modo de pensar também é muito aplicado e vivido, com ótimos resultados, no dia a dia de vendedores.

Muito jovem, aos 18 e 19 anos de idade, obtive importante destaque vendendo um no lugar de alguns dos produtos mais difíceis de comercializar, os seguros de vida, e só me tornei campeão nacional porque aprendi que precisava de "nove" nãos para chegar ao "sim" que tanto desejava.

E aprendi também que essa é uma máxima estatística aplicada em vendas externas, e note que estou falando de lógica estatística, e não de sentimentos.

O importante dessa atitude mental é que *ela neutraliza o pessimismo, a autopiedade e alivia a ansiedade,* substituindo-os pela necessária calma e visão positiva de que você tanto precisa no difícil momento em que recebe um não, e isso me levava a comemorar, em vez de lamentar, cada não recebido: "Oba! Um não a menos, o sim que procuro está mais próximo!".

Claro que é preciso extrair aprendizado daquele não recebido, autoquestionando-se: "Como posso me sair melhor na próxima vez?", "O que posso fazer de diferente para ter uma resposta diferente?".

Quase sempre o "não" contém uma lição a ser aprendida! Essa lição pode estar escancarada e evidente, e, quando é assim, fica mais fácil; mas a lição a aprender também pode estar escondida, nesse caso você precisa procurá-la para não perder a oportunidade de aprendizado.

Mas você pode estar querendo me perguntar: "Como faço para procurar esse aprendizado?".

Vou compartilhar com você o que aprendi sobre isso.

Com calma, humildade e descansada reflexão; às vezes, conversando com alguém mais experiente sobre o ocorrido, pedindo uma opinião ou contando a essa pessoa, passo a passo, como as coisas aconteceram e ouvindo abertamente, sem postura defensiva, o que ela tem a dizer. Este livro pode fazer esse papel quando você quiser fazer uma reflexão, revendo o processo mentalmente e olhando os capítulos relativos a cada passo do processo. Mas o essencial é manter uma saudável e positiva postura curiosa e autoinvestigativa.

Após isso, siga em frente com muito otimismo fazendo de cada "não" ou decepção que experimentar durante sua jornada um novo aprendizado que o tornará mais forte para alcançar o seu sim.

Isso alimentará sua autoestima, manterá alto seu astral, sua confiança e sua atitude positiva para continuar firme e forte no trabalho de conquistar um emprego, com um sorriso no rosto até a próxima entrevista. Ficou claro?

Assim, com essa atitude, com esse espírito positivo e colocando em prática as estratégias que vamos compartilhar com você, o seu "sim" chegará mais rápido do que imagina e virá na forma de uma ligação telefônica, que, eu lhe asseguro, é o que os profissionais de RH e das agências de emprego mais gostam de fazer:

"Alô, senhor(a) _____, estamos ligando para informá-lo(a) de que a vaga _____ é sua e estamos muito felizes em tê-lo(a) conosco em nossa empresa! (Preencha os espaços com seu nome e o nome da vaga que deseja.) Seja bem-vindo(a) e, por favor, compareça ao nosso escritório para retirar a relação dos documentos que vamos precisar para oficializar o seu vínculo!".

Falando ainda sobre como lidar com os "nãos", cuidado com o perigoso instinto de autodefesa que pode levá-lo, rapidamente, a colocar a culpa desse "não" recebido nos outros, por exemplo, no governo, no desemprego, na situação econômica do país ou outros, deixando de refletir sobre sua eventual parcela de responsabilidade, bem como perder a oportunidade de melhoria que você pode obter com uma boa reflexão.

Claro que é mais fácil colocar a culpa em alguém ou em algum fator externo. Isso chega a ser uma autodefesa automática que adotamos para aliviar o peso da frustração ou do insucesso.

Como alerta, para não cometer esse erro, gosto da seguinte frase de autor desconhecido:

"A culpa é minha, e eu a coloco em quem eu quiser."

Chego a achar engraçada essa frase. Você conhece alguém assim? Pois é...

Mas eu lhe digo que essa atitude não soma nada ao seu processo; ao contrário, subtrai ganhos importantes de que você precisa e que farão falta mais à frente.

Temos de transformar cada não em aprendizado, seja em um processo seletivo para um emprego, seja em uma venda ou em qualquer outra coisa que buscamos em nossa vida!

Quero compartilhar com você, ao mesmo tempo que homenageio minha querida mãe, um ditado popular que cresci ouvindo amorosamente de Dona Maria Thereza Cravo (*in memoriam*), que o pronunciava nos meus momentos mais difíceis: "Na vida, meu filho, tudo é uma hora antes do amanhecer, em instantes o sol brilha, e vemos tudo com clareza. Não se preocupe com a escuridão ou com a neblina, tudo passa, e existem coisas maravilhosas esperando por nós!".

Muito obrigado, Dona Thereza!

Com você, também será exatamente assim!

Anote a seguir suas reflexões sobre este capítulo:

MAIS SOBRE O PREPARO MENTAL

É comum ouvir histórias de atletas ou equipes muito boas, talvez até os melhores no que fazem em determinada atividade esportiva, mas que, contrariando todas as expectativas, não vencem! E é possível perceber algumas vezes que isso ocorreu porque eles não estavam "mentalmente" preparados para a disputa.

Também são comuns histórias de vestibulandos muito bem preparados que, na hora do exame, são tomados por forte emoção na forma de "nervosismo" e acabam por não conseguir entregar seu melhor.

Posso ilustrar esse tipo de situação no campo esportivo relatando uma passagem muito marcante na história do futebol brasileiro: o famoso e traumático 7 a 1 que a seleção brasileira sofreu contra a seleção alemã.

Foi absolutamente nítido o descontrole emocional que se abateu sobre o time quando um placar contrário começou a se configurar, inicialmente pequeno 1 a 0, depois 2 a 0 e assim por diante, só piorando o desempenho individual e coletivo do time.

Uma das principais causas que desencadeiam esse tipo de reação é depositar em determinado "evento" (seja um jogo, um exame de vestibular, um concurso público, uma fala em público ou uma entrevista de emprego) uma expectativa excessiva e desproporcional às consequências do evento. Afinal, nada é definitivo e quase nunca temos apenas uma única oportunidade para alcançar determinado objetivo.

Outro exemplo ocorreu com o grande boxeador Roberto Duran, conhecido como "Mano de Piedra", um ídolo da década de 1960, uma referência.

Aqui não importa se você gosta ou não desse esporte ou mesmo se entende exatamente como ele acontece; o que importa é a história e o tremendo impacto que a falta de "preparo psicológico" pode causar em uma pessoa, e aqui estamos trabalhando juntos para que não ocorra com você, certo? Vamos à história:

Uma lenda do boxe, campeão mundial em cinco categorias diferentes, lutou por quatro décadas e entrou para o hall da fama como um dos vinte maiores atletas do século XX.

Mas, apesar desse impressionante currículo ou "cartel", como se denomina o histórico de um atleta no boxe, o panamenho Roberto Duran ficou marcado por uma luta em que colocou seu cinturão de campeão mundial em disputa contra Sugar Ray Leonard.

O curioso é que Duran havia vencido e tomado esse título de campeão mundial do então campeão do mundo, o próprio Sugar Ray Leonard, apenas cinco meses antes, vencendo-o em uma grande luta considerada uma das melhores de todos os tempos.

Mas, para essa nova luta, pouco tempo depois, Roberto Duran não se sentia preparado e mentalmente se apresentava enfraquecido para um embate; na verdade, havia passado os últimos meses "curtindo" sua grande vitória.

Mesmo assim ele aceitou essa nova luta e, bem no meio dela, simplesmente desistiu, alegando que seu adversário não estava ali para lutar.

Mas o que aconteceu?

Sugar Ray irritou Roberto Duran com um jogo de pernas que mais parecia uma dança, rodando sem parar em volta de Duran no ringue, até que ele perdeu o "controle emocional" e então, do nada, pronunciou a frase que acabou por marcar negativamente sua carreira: *No más, no más*. E simplesmente parou de lutar. Perdeu o título e, pior, muito pior, se "queimou" no mundo do boxe.

Tudo porque seus treinadores e ele mesmo não deram a devida importância ao preparo psicológico para o grande confronto que estava por vir.

Acho que você vai gostar de saber que, algum tempo depois, por ser um atleta absolutamente extraordinário, Roberto Duran deu a volta por cima, voltou ao boxe e se tornou novamente campeão mundial em outras categorias de maior peso.

Esse é um clássico caso de derrota "mental ou psicológica".

Para que nada parecido com isso ocorra com você, vamos cuidar muito bem para que esteja mentalmente fortalecido e pronto para o seu processo!

Já apresentei o quanto sua atitude mental é importante nessa jornada, por isso quero compartilhar mais algumas informações práticas para você cuidar de seu bom ânimo, humor e autoestima.

Vamos falar sobre crenças limitantes.

Crenças são muito mais importantes em nossa vida do que imaginamos. Não estou falando de crenças religiosas, essas também são muito importantes, para muitos como eu, são as mais importantes; mas aqui vamos tratar do que "você acredita" sobre você mesmo e sobre as coisas que cercam a obtenção do seu emprego.

Nossas crenças são como um filtro por onde fazemos passar tudo o que acontece em nossa vida.

Se você acreditar que é forte, isso lhe dará muita força! Se acreditar que é fraco, certamente isso o enfraquecerá independentemente do quão forte ou fraco você de fato seja.

Portanto, é muito importante gerenciar suas crenças sobre você mesmo, sobre o que acredita ser capaz e principalmente sobre o que merece e pode conseguir em sua vida.

Claro que, para gerenciar suas crenças, não basta simplesmente dizer que acredita ser forte, capaz, inteligente e merecedor disso ou daquilo.

Não estou falando de autoajuda, mas sim de atitude. O gerenciamento de crenças requer atitude. Se não acredita que está preparado ou é capaz de realizar determinada coisa, você não pode simplesmente aceitar isso como uma "sentença de incapacidade", você deverá gerenciar essa crença. Como?

Primeiro se questionando sobre o que você acredita, qual é o seu atual nível de força para alcançar essa conquista? Use uma escala de zero a dez para determinar o que você acredita, esse é o seu grau atual de força para esse objetivo.

Chegando à sua resposta, não importa se é três, cinco ou sete, é hora de determinar a você mesmo a execução de uma ou mais tarefas ou missões que terão a capacidade de elevar seu grau de competência na área que você identificou como insuficiente e, portanto, necessária.

Como identificar tarefas que o capacitem? Pesquise e estude como melhorar a competência que você crê que ainda lhe falta ou é insuficiente.

Veja o exemplo a seguir.

O caso José Roberto

José Roberto, um executivo em determinada empresa, procurou-me preocupado, pois sentia que não tinha capacidade de falar em público nem mesmo em reuniões de liderança no trabalho; na verdade, achava que isso era impossível para ele.

Então lhe perguntei o que achava que poderia fazer para melhorar essa capacidade. Bem, ele não soube me responder. Então lhe mostrei o cone do aprendizado e pedi que o estudasse por alguns instantes. Passado algum tempo, ele me respondeu:

"Pelo que vi, parece que o que eu preciso é praticar!"

Eu disse:

"Isso, José Roberto! Exatamente isso, 'a prática leva à perfeição', então o que você pode fazer para praticar?"

Rapidamente ele chegou à conclusão de que deveria procurar um curso ou uma atividade na qual teria de falar para grupos de pessoas com frequência, assim desenvolveria habilidades que acreditava serem muito difíceis de adquirir, vencendo aquela crença limitante e somando mais uma importante competência.

Pois é exatamente assim comigo, com você ou com qualquer pessoa! Esse é o caminho para vencermos nossas limitações, nos desenvolvermos e somarmos novas competências.

Por isso dediquei algumas páginas aqui para compartilhar com você a importância de aprender a aprender, pois este é o caminho da evolução, o aprendizado, e gosto muito da frase: "Ninguém pode deter uma pessoa preparada".

CRENÇAS LIMITANTES, AUTOESTIMA, MENTE FORTE

Algumas pessoas são naturalmente dotadas de elevada autoestima, autoconfiança e crenças fortalecedoras. Isso é muito positivo e ajuda quando são acompanhadas de bom senso, autocrítica e equilibrada humildade.

Trato disso porque também já vi pessoas excessivamente "cheias de si", adotando comportamento desagradável que beirava a arrogância, monopolizando a palavra em dinâmicas de grupo, quando o correto seria interagir de forma equilibrada, defendendo seu ponto de vista e suas ideias, porém respeitando o espaço dos demais, *sabendo ouvir*, sabendo discordar se necessário, porém com muito cuidado e sempre de forma educada com seus pares e com o condutor da reunião.

Portanto, cuidado com o comportamento excessivamente confiante, pois ele também pode ser eliminatório em processo seletivo, negativo para o bom convívio social e péssimo para quem deseja se manter em um emprego, com potencial para inclusive prejudicar uma carreira.

Portanto, "nem tanto ao céu nem tanto ao mar!". Nesse ponto, como em tantos outros na vida, o equilíbrio é o bom amigo que devemos sempre manter bem perto de nós.

Por sua vez, a baixa autoestima e as chamadas "crenças limitantes", ou pior, "crenças negativas", são péssimas companheiras de vida e podem atrapalhar muito na busca por um emprego ou por qualquer outro objetivo, tornando tudo mais difícil e causando sofrimento.

Quero ajudá-lo a "pular essa fogueira" e se afastar desse tipo de pensamento negativo que acaba por influenciar o comportamento.

Para isso, vou indicar um caminho que lhe permitirá gerenciar situações indesejadas como essas! Não é tão difícil quando "entendemos" com o que exatamente estamos lidando e reunimos disposição para agir no sentido de mudar as coisas.

Portanto, vamos primeiro entender sobre o que exatamente estamos falando, a começar pelo significado de "baixa autoestima", segundo o Dicionário inFormal:

A baixa autoestima é caracterizada por uma percepção negativa de si mesmo. Pode ser expressa por crenças como: eu sou um fracasso; eu não sirvo para nada; ou por uma sensação de incapacidade ou menos valia que é muito difícil de a pessoa conseguir traduzir para si e para os outros. (Dicionário InFormal, 2013)[1]

Agora o significado de "crenças limitantes"

Crenças limitantes são ideias e pensamentos que formamos ao longo do tempo, ou a partir de afirmativas negativas que ouvimos repetidas vezes durante a vida, e que acabamos tomando como "verdades" que limitam nossa autopercepção de capacidade ou poder de realização para adquirir ou desen-

---

[1] DICIONÁRIO INFORMAL. Baixa autoestima. Disponível em: https://www.dicionarioinformal.com.br/baixa%20autoestima/. Acesso em: 9 dez. 2023.

volver novas habilidades, competências e força emocional ou para agir.

Veja como isso é importante, quase sempre essas crenças não correspondem à realidade, ou a representam apenas parcialmente, mas não se engane, elas podem ser muito danosas, pois limitam a disposição da pessoa, levando a um estado de "pré-derrota", o que rouba qualquer disposição para agir, se esforçar e fazer diferente, pois, segundo essa crença limitante, "não há como mudar", "eu sou assim mesmo" ou "determinada situação é e sempre foi assim", "para mim é impossível", "não consigo, nem adianta tentar".

Em vez de ceder a essas crenças negativas, deve-se adotar uma rotina consistente de mudança, adquirindo novos aprendizados e desenvolvendo novas habilidades. Tristemente a pessoa se dá por vencida antes mesmo de tentar, afinal ela acredita que não tem capacidade, não tem chance e está condenada a ser sempre assim. A pessoa acaba por assumir determinadas limitações e por se conformar de que não é capaz ou não consegue, simplesmente porque acredita ou foi levada a acreditar que não pode ou que não tem força suficiente para mudar.

Ora, isso não só não é verdade, como chega a ser cruel e acaba sendo responsável por muitas dores e dificuldades que uma pessoa enfrenta na vida, inclusive na hora de buscar um emprego.

Então eu lhe pergunto: você tem alguma crença que esteja limitando seu poder de ação, seu desempenho nos processos seletivos ou sua capacidade de conquistar seu emprego?

Vamos cuidar disso com especial atenção, pois algo assim pode ser responsável por uma redução em seu nível de realização pessoal, profissional e com certeza também em sua qualidade de vida.

Para ajudá-lo a identificar esse tipo de crença, vamos mostrar alguns exemplos que podem limitar o poder de ação de uma pessoa e se manifestam por meio de falas interiores, aquelas que o indivíduo realiza mentalmente com ele mesmo ou verbalizando com outras pessoas:

- "Acho que não estou à altura deste emprego."
- "Tudo para mim é mais difícil."
- "Não consigo lidar com as pessoas."
- "Não tenho tempo para nada."
- "As pessoas não gostam de mim."
- "Nunca vou atingir esse objetivo."
- "Comigo, tudo sempre dá errado."
- "Aprender não é para mim, eu não consigo."
- "Nunca vou conseguir um bom emprego."
- "A vida é sofrimento mesmo."
- "Ninguém se importa comigo."
- "Eu não sei fazer isso direito, isso não é para mim."
- "As pessoas são sempre egoístas."
- "Minha família não está nem aí para mim."
- "Eu não consigo."
- "Não sou capaz."

Esses pensamentos ou falas, quando recorrentes, levam a um sentimento negativo que faz muito mal à autoestima, resulta em falta de ação objetiva para mudar essa percepção, perda de energia e imobilismo para agir e mudar as coisas, gerando conformismo e aceitação de uma "falsa" impossibilidade.

Há uma relação muito próxima entre o que acreditamos sobre nós e o que somos capazes de realizar em nosso dia a dia.

Muitas vezes o que fazemos e a forma como fazemos ou deixamos de fazer se tornam os geradores do que acreditamos sobre nossa capacidade de realização. Parece complicado, mas na verdade não é. Vejamos isso juntos.

Por exemplo, se você tem um comportamento desorganizado, tende a acreditar que é desorganizado, e de fato você está sendo desorganizado, porque seu comportamento e suas atitudes estão sendo desorganizadas, mas depende só de você mudar isso, mudando seu comportamento e suas atitudes. Vamos ver como lidar com isso no próximo capítulo.

Terceiro pergaminho

A inteligência emocional transcende a mera consciência de nossas próprias emoções; ela abraça a habilidade de reconhecê-las e gerenciá-las de maneira hábil. Não se trata apenas de um exercício introspectivo, mas também de uma compreensão aguçada das emoções dos outros. Essa competência inclui a empatia, a habilidade de colaborar efetivamente em equipe e a capacidade de lidar com conflitos de maneira construtiva. Neste contexto, a gestão eficaz de nossas próprias emoções, pensamentos e ações, conforme minuciosamente explorado neste livro, emerge como uma trilha pavimentada para o progresso profissional. Ao adotar os princípios aqui apresentados, o profissional não apenas se torna um mestre de sua própria jornada emocional, mas também se equipa com as ferramentas necessárias para fomentar um ambiente de trabalho positivo e produtivo. Afirma-se, com propriedade, que a maioria das pessoas são contratadas por suas habilidades e competências, mas o que lidera as causas de demissões são os comportamentos.

ABRACE A MUDANÇA: SEJA UM PROFISSIONAL EM EVOLUÇÃO

Estávamos falando sobre comportamento desorganizado e sobre como mudar isso depende apenas de a pessoa "adotar" uma mudança efetiva em seu comportamento e suas atitudes. Mas como fazer isso?

Adote um comportamento organizado. Não sabe o que é? Pesquise e estude o comportamento organizado e comece a colocar em prática esses novos costumes, pratique-os sistematicamente e incorpore-os aos seus hábitos cotidianos e você:

1. Passará a saber o que é ser organizado.
2. Praticará sistematicamente esses novos comportamentos.
3. Começará a sentir como sua vida está ficando melhor, o quanto fazer as coisas ficou mais fácil e simples e, principalmente, como você ficou mais eficiente e produtivo.

Mas é fundamental compreender que não se resume a saber o que precisa ser alterado em seu comportamento, nem mesmo a identificar com precisão as ações distintas que deve adotar em relação ao passado. O aspecto crucial reside na efetiva implementação das novas práticas, cuidadosamente pesquisadas e escolhidas por você, ou aquelas orientadas por alguém em quem confia. A mudança será a resultante da prática sistemática dos novos comportamentos e atitudes.

Para exemplificar isso, vou relatar o caso de uma executiva, muito competente, que chamarei de Denise, para preservar a confidencialidade, pessoa a quem tive a oportunidade de dar um feedback sobre um relatório comportamental chamado D.I.S.C., uma ferramenta muito eficiente e aplicada em processos de recrutamento, bem como para o desenvolvimento de competências comportamentais e talentos. Ela é aplicada para qualquer nível de cargo. Em alguns estados norte-americanos, as administrações públicas, após um concurso público, como para a polícia, aplicam a ferramenta D.I.S.C. em todos os candidatos aprovados para compreender a qual função cada um deles se adaptará melhor conforme seu "perfil comportamental". Muito interessante, não acha?

O caso Denise

Voltando à executiva Denise, ao oferecer o feedback de seu relatório D.I.S.C., ficou evidenciado que ela tinha uma competência predominante muito positiva para seu cargo atual, o nome dessa competência é *facilitadora*. A seguir, um trecho descritivo dessa competência:

"Os facilitadores são pessoas cuidadosas e vigilantes. Sabem que mesmo tudo parecendo estar em ordem, os riscos podem estar escondidos e, por isso, em vez de negá-los, preferem trazê-los à tona. Isso os [sic] possibilita planejar adiante e evitar erros futuros. Os facilitadores sabem ser diplomáticos quando precisam, além de serem afetivos com os amigos e familiares." (Relatório D.I.S.C., Plataforma E-Talent)

Mas o que quero destacar aqui é que Denise apresentava um comportamento desfavorável, evidenciado pelo relatório que indicava pouca organização e baixa administração do tempo.

Ora, estamos falando de uma pessoa competente, eficiente em seu cargo e com muitas qualidades, mas com alguns pontos importantes de melhoria, exatamente como todos nós. Todos temos pontos que podem ser melhorados, sem exceção. Denise precisava mudar ampliando as competências de organização e administração do tempo.

Então a estimulei a pensar no que especificamente ela poderia fazer de diferente para melhorar nestes dois pontos identificados: organização e administração do tempo.

Após ponderar um pouco, Denise propôs-se a adotar uma agenda, registrando na véspera todas as suas atividades previstas para o dia seguinte e exercer um controle mais rigoroso sobre seu tempo por meio de uma planilha. Ela planeja anotar de hora em hora como efetivamente utilizou o tempo, permitindo assim identificar e eliminar as múltiplas interferências que enfrentava ao longo do dia, ampliando seu foco e sua capacidade de gerar resultados.

Ótimo, muito bem pensado por Denise, portanto a isso ela se propôs, agora era só colocar em prática. Certo? Claro que sim.

Alguns dias depois, o que será que aconteceu?

Ao falar novamente com Denise e perguntar como estava indo, ela, bastante constrangida, disse que não havia conseguido colocar em prática o que se propusera a fazer. Alegou que, na correria, em meio às tantas atividades do emprego e do trabalho como mãe e dona de casa, não se lembrou de fazer o que ela mesma idealizou e se propôs a colocar em prática.

Bem, Denise havia relatado durante o feedback do seu relatório D.I.S.C. que seu dia a dia era de muito trabalho, muitas urgências, que invariavelmente trabalhava o dia todo e, ao cair da noite, percebia, frustrada, que não conseguia fazer tudo o que precisava, deixando algumas atividades inacabadas, e outras duas ou três acabavam por ficar para o dia seguinte.

Então, conversando com Denise, falamos que entender o que deve ser feito e não colocar em prática é exatamente o mesmo que "nada". Mas quero dizer que é bastante compreensível a dificuldade de Denise, porque *o grande desafio de se fazer uma coisa nova não é, por incrível que pareça, fazer a coisa nova, mas sim deixar de fazer o que a pessoa fazia antes.*

Novamente, preste bem atenção: *o grande desafio de se fazer uma coisa nova, não é, por incrível que pareça, fazer a coisa nova, mas sim deixar de fazer o que a pessoa fazia antes.* E foi isso o que aconteceu com Denise e poderá acontecer com você também quando decidir colocar em prática alguma das propostas de ação que apresentamos a você nesta jornada.

Diante da decepção que Denise experimentou consigo mesma, desta vez ela se prontificou a colocar efetivamente em prática as ações. Só para lembrar: fazer, todos os dias, na véspera, uma lista de todas as atividades que deverá realizar no dia seguinte e administrar melhor seu tempo por meio de uma planilha, na qual registrará a cada hora como utilizou esse tempo e identificará as interferências para eliminá-las.

Passados mais alguns dias, Denise retorna vibrante e entusiasmada relatando que surpreendentemente agora ela estava conseguindo concluir todas as suas atividades do dia até por volta das 14h, inclusive conseguindo dar conta das novas atividades que naturalmente surgem durante o dia, não deixando mais nada para o dia seguinte e podendo usar o restante do tempo para trabalhar melhor os membros de suas equipes e as relações com outros departamentos das duas empresas que gerencia.

Muito emblemático esse caso de Denise!

Quando se trata de organização, gosto da ideia de começar por sua gaveta de meias, roupas íntimas, guarda-roupa, arrumar a cama, a casa, adotar um lema do tipo "sujou, lavou, guardou" e seguir nessa linha com todas as coisas; no computador, organize pastas, arquivos e documentos; enfim, traga para sua vida o "comportamento organizado" e torne-se uma pessoa organizada.

Isso vai fulminar a crença limitante: "Sou desorganizado!".

Muitos pais infelizmente estragam seus filhos assumindo por eles muitas dessas tarefas ou tolerando maus comportamentos, depois na idade adulta vem a dor das perdas causadas por essa desorganização nutrida na infância e na adolescência falsamente protetora.

No que estamos focando aqui, processos seletivos, emprego e trabalho, ser um indivíduo desorganizado é muito ruim, sabe por quê?

Simples, porque os profissionais em recrutamento e seleção saberão enxergar que você se comporta ou age de forma desorganizada por mais que queira demonstrar o contrário.

Você não conseguirá enganá-los, eles são profissionais, você entende isso?

Então, você apresenta um ótimo currículo, muitas passagens por cargos semelhantes ao que está concorrendo, sente que na sala os candidatos que concorriam com você tinham menos experiência... e você não é o selecionado!

Você não entende o porquê e sofre com mais esse "não". Compreende? Estava discorrendo sobre crenças, crenças limitantes, e aparentemente misturei com maus hábitos como o de ser ou não organizado, mas o que uma coisa tem a ver com a outra?

Se ainda não ficou claro, vou explicar: maus hábitos levam a maus comportamentos, muitas vezes somos conscientes deles e até nos propomos a mudar, mas, na hora de fazer o que precisa ser feito para realmente mudar e passar de fato a ser diferente, não conseguimos e amargamos mais uma pequena derrota pessoal.

Essas pequenas derrotas somadas derrubam a autoestima e dão lugar a crenças limitantes como: "Ah, eu sou fraco mesmo; eu não consigo; isso não é para mim; não sou capaz; não tenho força de vontade suficiente para mudar", e por aí vai.

Aí vem a pior parte, a pessoa relaxa e "entrega para Deus", seja o que Deus quiser! Mas se esquece da sábia frase: "Faça da sua parte que te ajudarei!".

Então você precisa mudar essa atitude e adotar um comportamento que lhe confira força e eleve constantemente sua autoconfiança e autoestima ao mesmo tempo que "encara" suas áreas de menor força ou de fraqueza e passa a trabalhar para fortalecê-las, vencendo uma a uma suas limitações, ao tempo que muda, torna-se um candidato melhor e fica mais perto do seu emprego.

Você pode me perguntar:

"Só assim eu conseguirei ter um emprego?"

Claro que não, mas assim, além de se fortalecer como pessoa, você somará competências e principalmente se exercitará no desenvolvimento de uma das competências mais valorizadas pelo mercado de trabalho nos dias de hoje, de amanhã e sempre! Sabe de qual competência estou falando? Da capacidade de aprender, de se aprimorar como pessoa, somar novas competências e vencer processos de mudanças!

Posso lhe garantir que, hoje, nos processos de recrutamento e seleção, as empresas preferem candidatos até menos qualificados tecnicamente, mas que demonstram capacidade de aprender e lidar com a mudança. Por quê? Simples!

Porque vivemos em um mundo em que as mudanças nunca foram tão abundantes, rápidas, profundas e necessárias, e o advento da covid-19 veio ampliar exponencialmente essa necessidade. Nunca o mundo precisou aprender tanto e tão rápido como no período da pandemia.

Portanto, ao atuar nas práticas diárias para vencer suas dificuldades ou suas "limitações", estamos lhe propondo que se capacite para tornar-se um profissional do presente e do futuro, o profissional que as empresas procuram incansavelmente e que, a partir de agora, vão procurar cada vez mais. As disrupções, que no contexto empresarial são chamadas de "inovações disruptivas", estão acontecendo muito rapidamente, o que antes levava cinquenta anos para mudar passou a mudar em dez, depois em cinco anos, três, dois e agora elas estão acontecendo em meses!

Disrupção é um termo usado para descrever uma mudança significativa ou abrupta em determinado setor, que pode ser na indústria, em serviços, ou seja, no mercado em geral. Ela ocorre normalmente motivada pelo surgimento de uma nova tecnologia ou um novo modelo de negócios que desafia e chega a eliminar formas tradicionais de se fazer determinadas coisas. Como exemplos de disrupção posso citar o Uber, que revolucionou a forma de transportar pessoas; a fotografia digital, que praticamente tirou do mercado gigantes da fotografia; o Pix, que mirou nas transferências bancárias custosas e acabou praticamente eliminando a circulação de cédulas de dinheiro. Observe que todos nós sempre queremos ser servidos pelo profissional ou pelo equipamento mais adaptado, mais moderno e mais eficiente.

Ora, esse é o cenário que as empresas estão vivendo, é isso que os clientes esperam delas, e, se é assim para elas, são de pessoas criativas e principalmente com capacidade de mudança e adaptação que elas precisam. Essa é a nova realidade do mundo. Ser capaz de mudar, incorporar novos hábitos, desenvolver habilidades novas e aprender sistematicamente é o caminho seguro para o profissional dos tempos atuais. Portanto, ser uma pessoa adaptável, aberta e sensível à mudança, atenta a essas necessidades e que evita comportamentos defensivos e resistentes faz de um indivíduo exatamente o profissional de que as empresas precisam.

Então, identificar em você suas áreas de melhoria e trabalhar para melhorá-las é "o mapa da mina" que o levará a ser o profissional que tem competências e habilidades comportamentais que o mercado tanto valoriza e procura.

Darei alguns exemplos de mudanças que você pode buscar como forma de se autodesenvolver nas habilidades de aprender e mudar, ao mesmo tempo que se aprimora e incorpora novas competências:

- Se você é desorganizado, trabalhe para se tornar organizado!
- Se é sedentário, trabalhe para se tornar fisicamente ativo!
- Se consome alimentos de má qualidade, trabalhe para mudar seus hábitos alimentares!
- Se não é pontual, trabalhe para desenvolver a disciplina da pontualidade e a da administração do tempo!

Enfim, são apenas exemplos, você terá de descobrir quais são as áreas em que você precisa melhorar, ou apenas pode melhorar, mesmo sem precisar. Mas calma que nós também vamos ajudá-lo com isso.

Vamos agora fazer uma reflexão, escreva nestas linhas as crenças limitantes que eventualmente pode identificar em você:

Depois de escrever, reflita sobre cada uma delas e se pergunte: "Quando isso se tornou verdade para mim?".

Reconheça que é apenas uma crença e, se é crença, ela é mutável, e não uma verdade eterna.

Substitua essa crença limitante por outra oposta, que chamo de "crença impulsionadora", mas que tem de ser apoiada por atitudes concretas, regulares e consistentes que adotará para fazer dessa nova crença uma realidade. Por exemplo:

Eu nunca consigo chegar no horário ou entregar o que combinei no prazo correto!

Troque por:

Eu sou pontual e sempre cumpro prazos e horários combinados!

Comece a fazer diferente e a agir de acordo com a nova crença. Como vimos no cone do aprendizado, é uma questão de prática sistematizada para que se torne excelente no que faz.

Mude seus hábitos e você mudará a sua realidade! Não é autoajuda, é determinação, prática sistemática e disciplina.

Vamos ajudá-lo agora a identificar suas áreas de melhoria, afinal é possível que você mesmo não tenha ciência delas.

Mapeie a si mesmo, as áreas que percebe que pode ou precisa melhorar e tome esse desafio como um exercício para seu aprimoramento na capacidade de aprender, melhorar e mudar.

Encare como um exercício pessoal de autoaprimoramento, que ao mesmo tempo o qualifica mais e mais para o mercado de trabalho.

Se tiver dificuldade para identificar as áreas que precisa melhorar, e é bem possível que tenha mesmo essa dificuldade, porque essas áreas podem ser para nós como "pontos cegos no retrovisor do automóvel", então vou apontar um bom caminho para que consiga.

De modo semelhante ao que fez com a identificação dos bons e maus hábitos, escolha algumas pessoas que você considera que lhe conheçam bem e cuja opinião você respeite. Peça-lhes em particular e de forma reservada que indiquem áreas de melhoria que enxergam em você e que poderia trabalhar para ser melhor.

Fale com pessoas que o querem bem, como pai, mãe, esposa, marido, amigos, e, se puder, recorra também a alguns ex-colegas de trabalho, um ex-líder ou ainda de outras áreas de sua vida que se enquadrem nesse perfil. Não é necessário que sejam muitas, três ou cinco serão suficientes. Um número ímpar de pessoas, que não seja uma, será melhor.

Mais uma vez, prepare-se para ouvir sem acionar o "módulo defensivo" e ficar se justificando. Providencie papel e peça-lhes que escrevam áreas ou comportamentos que observam em você com possibilidade de melhoria.

Você pode também utilizar uma tabela mais ou menos assim:

Competências	Pontuação de 0 a 10
Organização:	
Pontualidade:	
Comunicação:	
Disciplina:	
Saber ouvir:	
Atitude colaborativa:	
Outras	

Coloque linhas a mais e diga para as pessoas escolhidas que elas podem acrescentar outras áreas que você não pensou.

Deixe a pessoa à vontade para responder, evite ficar perto para não a constranger. Explique o critério dos números, em que zero é nada ou muito ruim e dez é excelente, os demais dão o grau que a pessoa percebe em você de habilidade no item; quanto menor o número, menor a habilidade e vice-versa.

Recolha os resultados, não se esqueça de agradecer a contribuição, some os valores atribuídos por área e dedique especial atenção às áreas com maior número de citações e números menores. Por exemplo: você pediu às cinco pessoas que assinalassem seu grau percebido de habilidade. Se, das cinco pessoas, cinco citaram determinada área, essa com certeza merece atenção maior da sua parte, depois as com quatro citações e assim por diante.

Uma vez escolhidas as áreas que vai trabalhar, atue sobre elas de forma organizada e sistemática.

Não estabeleça metas excessivamente desafiadoras de mudança no início, nada de metas mirabolantes e muito difíceis de alcançar. Vá construindo pequenas vitórias, todos os dias realize o que se determinou a fazer para melhorar. Vou ilustrar com o exemplo a seguir.

O caso Ronaldo

Ao trabalhar como um alto executivo de uma grande indústria, ele trouxe um desafio importante para sua carreira, o RH da empresa havia identificado que, apesar de ser um ótimo executivo que cumpria todas as metas, ele apresentava importante dificuldade no relacionamento com seus subordinados.

Ele não tinha escolha, a empresa disse que deveria reverter esse quadro, caso contrário ele não se sustentaria na função. Isso era grave para a empresa, pois poderia até acarretar processos de assédio moral.

Então, esse executivo, sendo eficiente, proativo e muito focado em resultados, dispôs-se a adotar uma mudança radical nesse comportamento com um grande número de ações que passaria a executar com seus colaboradores. Ocorreu que a quantidade de atividades era tão grande e tão diferente do que ele praticava antes que não conseguiu colocar em prática de forma efetiva quase nada, o que, você pode imaginar, causou-lhe grande frustração e elevou seu estresse, deixando-o ainda mais tenso e, consequentemente, tão duro ou até mais um pouco do que era antes com o time.

O que deu errado nesse caso? O executivo estabeleceu para ele mesmo um nível tão elevado de mudança que ficou impossível cumprir o que se determinou a fazer.

O caminho para uma mudança consistente é conduzi-la de forma gradual, porém consistente, sem retrocessos e sem desistir, e uma boa forma de mudar é iniciar escolhendo comportamentos ou ações características do que você quer mudar e que deixará de fazer.

Por exemplo: tenho de aprimorar meu relacionamento com minha equipe, mas sinto que não tenho tempo para ficar conversando com eles, exceto quando tenho as reuniões de resultados; então, vou iniciar dedicando uma hora do meu dia de trabalho para falar com eles individualmente, fazendo uma ligação no início do dia para cada um deles para saber como estão hoje e qual seu plano de trabalho para o dia, e vou me colocar à disposição caso tenham alguma dificuldade.

Simplesmente substitua um comportamento por outro e comece a agir sistemática e consistentemente, com disciplina e sem falhar. Depois que incorporar esse novo comportamento, inclua outro novo e assim por diante.

O executivo em questão foi muito bem-sucedido em sua mudança, e seus resultados na organização, que já eram muito bons, ficaram ainda melhores.

Não perca as pequenas batalhas por esses objetivos, não desista, não seja complacente nem muito rigoroso consigo mesmo.

Apenas faça o que se comprometeu, com você mesmo, a fazer. Não interrompa ou pare de fazer, não volte ao velho comportamento, ao mau hábito ou à conduta que decidiu abandonar.

Se ficar muito difícil, reduza um pouco a dose; se ficar fácil demais, aperte um pouco.

Obs.: Depois de conquistar o seu emprego, não pare com esse processo, pois é assim que as empresas avaliam seus colaboradores e é exatamente esse tipo de evolução que querem ver.

Faça desse exercício um hábito de vida. Ele o ajudará a ser uma pessoa melhor a cada dia.

Os benefícios serão inúmeros para sua vida, mas, para o processo de conquista do seu emprego, que é nossa principal proposta aqui, serão objetivamente três:

1. Ao enfrentar suas limitações e vencê-las, mesmo que parcialmente ou em etapas, você alimentará sua autoestima, evidenciando a você mesmo que é capaz de mudar e melhorar. Isso vai criando e fortalecendo crenças positivas sobre você mesmo, que são muito importantes para sua autoconfiança nos processos seletivos e na manutenção de um bom emprego.
O homem que consegue mudar a si próprio consegue conquistar o que desejar.
2. Você se aprimorará como pessoa, com reflexos na sua vida pessoal e profissional e na sua capacidade produtiva.
3. Desenvolverá em você a competência mais desejada e procurada pelo mercado de trabalho, que, como já disse, é a capacidade de aprender e mudar, e não precisará fingir ou tentar parecer que a tem.

Fazendo isso, você colocará um pé no seu tão desejado emprego, provavelmente terá promoções e só sairá de lá se desejar ou se for chamado para uma posição melhor, o que, acredito, ocorrerá muitas vezes em sua vida.

Palavra de quem trabalha nesse ramo, lida diariamente com empresários, convive e ouve inúmeros profissionais muito experientes e qualificados na realização de processos seletivos.

Escreva sobre o que viu neste capítulo, como será útil para você e o que pretende colocar em prática.

Quarto pergaminho

Gestão do tempo e organização: uma carreira bem-sucedida requer habilidades sólidas de gerenciamento de tempo e organização. Ser capaz de estabelecer prioridades, planejar tarefas, cumprir prazos, gerenciar com eficiência suas responsabilidades, aprender a aumentar sua produtividade e alcançar resultados consistentes. E é exatamente isso que estamos propondo a você capítulo a capítulo. Siga firme nas práticas propostas e alcance seus objetivos.

TRANSIÇÃO

No próximo capítulo, vamos tratar objetivamente da sua nova rotina: uma rotina bem estruturada e com foco claro no seu objetivo. Mas antes, quero trazer um esclarecimento importante.

Nos capítulos anteriores, talvez até os mais importantes, abordamos temas muito relevantes, preparando-o para este momento da jornada em que você vai efetivamente planejar, criar e executar sua rotina diária de trabalho, com o objetivo de conseguir seu emprego. Tratamos de temas importantes para seu sucesso, mostramos exemplos bem-sucedidos e o orientamos sobre temas como:

- Organização.
- Trabalho de forma planejada.
- Boa administração do seu tempo e das suas tarefas e como lidar com interferências.
- Qual é a sua missão: destacamos a importância de se diferenciar e como fazê-lo.
- Organização de sua mente: como fortalecer e preservar uma mente forte.

- Crenças limitantes e impulsionadoras, bem como a autoestima.
- Mudança: como mudar e vencer; e muito mais.

Se você fez suas anotações nos espaços reservados para isso, fica fácil revisar capítulo por capítulo o que mais chamou sua atenção.

Muito bem, agora, nos próximos capítulos, *Crie uma rotina de trabalho*, *Seus currículos* e *Desmistificando a entrevista*, vamos tratar diretamente das suas ações práticas, da rotina diária de trabalho de quem tem o objetivo de conquistar seu emprego tão desejado e está mais bem preparado para isso. Daqui para a frente, os novos capítulos mesclarão novas orientações, alinhando-as com os temas já abordados, de forma a criar uma sincronia prática e eficaz com o conteúdo integral que o livro reúne e traz em benefício da conquista dos objetivos emprego, carreira de sucesso e felicidade na vida profissional.

Isso posto, vamos ao próximo capítulo.

Quinto pergaminho

Demonstrar iniciativa e proatividade no ambiente de trabalho é uma estratégia valiosa para se destacar e progredir profissionalmente. Ir além das responsabilidades designadas, oferecendo-se para assumir tarefas adicionais, é uma maneira eficaz de mostrar comprometimento e disposição para o sucesso da equipe.

Além disso, a proatividade manifesta-se ao apresentar ideias e soluções para desafios existentes, evidenciando não apenas a capacidade de identificar problemas, mas também a disposição para participar ativamente na resolução de questões. Esse comportamento não só fortalece a imagem do profissional, mas também contribui para um ambiente de trabalho mais dinâmico e inovador.

Perceber oportunidades de melhoria contínua e buscar constantemente maneiras de aprimorar processos e resultados são atitudes que não apenas demonstram ambição, mas também revelam comprometimento genuíno com o desenvolvimento profissional. Esta mentalidade não deve ser encarada apenas como uma estratégia para conquistar um emprego, mas como um hábito a ser cultivado e mantido ao longo da carreira.

Ao buscar um emprego, destaque experiências em que sua iniciativa teve impacto positivo, evidenciando como suas ações foram além das expectativas. Posteriormente, ao incorporar essa abordagem em seu cotidiano profissional, você não apenas manterá uma postura valorizada pelos empregadores, mas também contribuirá de forma significativa para o sucesso a longo prazo em sua carreira e vida.

CRIE UMA ROTINA DE TRABALHO

"Como assim? Eu quero um emprego, e você vem me falar em criar uma rotina de 'trabalho'! É sério isso?" Muito sério! E estes serão os próximos passos nesta trilha pela conquista do seu objetivo, amigo leitor!

Quero destacar uma frase que costumo citar, originada de minha própria reflexão: *Uma pessoa pode não ter um emprego, mas isso não significa que não tenha um trabalho; seu trabalho é conseguir o emprego.*

Bem-vindo ao seu novo trabalho! Particularmente, espero que ele seja bem curto!

Isso mesmo, é muito importante que, a partir de agora, você considere seu processo pela busca do seu emprego como um trabalho diário! Com todas as rotinas e regras semelhantes às que cumpre uma pessoa "organizada", que já tem o seu emprego e vai muito bem nele.

Vejamos: hora certa para despertar, para se exercitar, para tomar seu café da manhã e para iniciar seu trabalho no seu pequeno e "improvisado" escritório aí na sua casa, ou indo às ruas para colocar em ação as atividades externas previamente planejadas por você.

Conforme citamos e tratamos no capítulo *Qual sua missão e seu desafio*, está lembrado?

Você precisa acordar já sabendo o que vai fazer, portanto cumprindo as atividades programadas para este novo dia, conforme planejou na véspera ou anotou em outro dia na sua agenda para que fossem realizadas no dia de hoje.

Você pode estar pensando: "Nossa! Mas eu não faço essas coisas nem quando estou empregado! Por que fazê-las agora?".

Simples, amigo, porque você precisa conseguir o seu emprego, você tem um objetivo e, para atingi-lo o mais rápido possível, deverá lançar mão de todos os recursos de que dispõe e, principalmente, dos que ainda não desenvolveu, e agora, com este apoio, passará a tê-los.

Assim, você estará simultaneamente fazendo *duas* coisas muito importantes para ampliar suas chances de conseguir rapidamente o seu objetivo:

1. Será muito mais efetivo planejando e programando as atividades cotidianas de quem procura um emprego, realizando pesquisas, estudando os cargos e as empresas que selecionou para mandar o seu currículo, organizando a forma como os enviará e cuidando da sua apresentação pessoal, de seu estado físico e mental, como já citado, e de outras atividades que mais adiante ainda serão repassadas.
2. Cumprindo com afinco essa rotina diária, você se manterá alerta e em ritmo de trabalho, ao mesmo tempo que incorporará novas competências, e isso já começará a fazer de você um candidato melhor e mais interessante, elevando muito suas chances nos processos de que você participará nos próximos dias! Acredite, nos próximos dias, você já será chamado.

Até aqui está claro? Entendeu esta parte importante da estratégia? Agora vamos evidenciar um pouco mais desse seu novo trabalho, que é arrumar o seu emprego.

Como já evidenciamos, o dia de qualquer pessoa será muito mais produtivo se na véspera ela dedicar alguns minutos para planejar suas ações e fazer uma lista de tudo que precisa executar no dia seguinte. Isso é parte importante de uma boa administração do tempo.

"O homem que tem coragem de desperdiçar uma hora de seu tempo não descobriu o valor da vida." (Frase atribuída a Charles Darwin)

Você não pode acordar sem saber com precisão o que vai fazer durante o seu dia; isso, além de ser muito improdutivo em vários aspectos, vai derrubar sua eficiência, abater seu moral e sua autoestima! "Imagine só, ao ver as pessoas do seu convívio apressadas, tomando café, arrumando-se para sair, com horários a cumprir, e você ali, olhando toda aquela movimentação, sentindo-se mal por não ter o que fazer, desmotivado e enchendo-se de autocompaixão." Não! Socorro! Não caia nessa "roubada", fuja dessa armadilha!

Seja proativo e organizado, planeje, anote e cumpra seus horários e suas atividades programadas.

Mencionei uma atividade física, porque isso é muito importante para sua saúde física e mental, programe-se e faça. Saia de casa, vá fazer no mínimo uma caminhada leve; se não puder sair, faça exercícios em casa mesmo, existem muitas aulas gratuitas na internet.

Se resolver fazer algo mais intenso, consulte um médico antes. Mas não deixe de se exercitar com regularidade.

Estabeleça uma meta, mesmo que seja pequena, e cumpra-a. A essa altura você já sabe por que isso é importante, está lembrado do *Cuide de sua mente*? Pois cuide mesmo.

———

"Mente sã em corpo são."

(Da sátira do poeta romano Juvenal)

———

Sua rotina neste "novo trabalho" deve ser muito bem planejada e organizada.

Use uma agenda; se não tiver ou não puder comprar uma, use um caderno para anotar todos os compromissos e todas as atividades que pretende realizar.

Vamos às sugestões de atividades:

Horário para acordar.
Horário para sua atividade física.
Primeira alimentação do dia.
Alimentação leve e saudável.
Início do seu expediente em casa, no seu "escritório".
Consultar suas anotações para o dia de hoje.
Seguir consistentemente executando uma a uma.

Faça algumas anotações, reflita sobre o que chamou sua atenção neste texto e escreva exatamente o que pretende fazer sobre sua nova rotina de trabalho.

Com essa nova rotina, além de sua busca ser mais efetiva, você incorporará hábitos valorizados pelos contratantes, muito daquilo que as empresas procuram enxergar nos candidatos durante o processo seletivo.

Aí você me pergunta:

"Mas os selecionadores vão perceber isso durante a seleção?"

Sim, pode apostar, com certeza eles perceberão. Mas, quero lembrá-lo, ou, se ainda não sabe, informá-lo de que um processo seletivo não se encerra com o "sim"!

Na verdade, ele se estende pelo menos, na melhor das hipóteses, pelos noventa dias do contrato de experiência (segundo a legislação brasileira), embora, conforme o cargo, possa ser mais longo o prazo de observação dos resultados apresentados pelo candidato.

Nos casos de liderança, por exemplo, conforme o nível, pode chegar a um ano, e, durante todo esse período, o contratado será observado e avaliado. Portanto, esses comportamentos sugeridos poderão ser o seu "diferencial positivo" nas suas avaliações e, consequentemente, na manutenção dos empregos que terá ao longo de sua vida profissional, pelo tempo que desejar.

Afinal, amigo leitor, ao escrever este livro com todo o cuidado e lhe trazer essas ferramentas e técnicas, seja de administração do tempo, preparação psicológica e de agenda, seja de criação de novos hábitos e rotina, o que tenho como propósito não é só ajudá-lo a ser contratado, a ideia é também apoiá-lo na manutenção desse emprego e possivelmente na conquista de promoções para construir uma bela e segura carreira.

Há uma expressão que captura de forma precisa uma realidade crucial no mercado de trabalho. Já a mencionamos anteriormente neste livro, em um dos "pergaminhos" dedicados ao conhecimento, no entanto, vale a pena reiterá-la. A frase em questão afirma o seguinte:

As pessoas normalmente são contratadas pelo conjunto "currículo/entrevista" e são demitidas pelo "comportamento".

Faz parte do processo de recrutamento e seleção a busca por referências dos candidatos, seja junto a empresas onde trabalhou, seja, no caso de candidato ao primeiro emprego, junto a pessoas do seu convívio. Essa é uma das etapas mais importantes, e é exatamente aí que os contratantes buscam entender os hábitos e os comportamentos dos candidatos.

Quem pensa em ter emprego e, principalmente, construir uma carreira não pode pensar apenas no dia de hoje, é fundamental entender que, a cada dia de sua vida profissional, você está construindo um histórico que vai acompanhá-lo sempre e ser revisto a cada mudança de emprego e até, como já vi acontecer, em uma eventual escolha de sócio para um negócio.

Continuando a responder se analistas ou entrevistadores perceberão o que tem feito, afirmo que sim, os recrutadores saberão mapear suas competências, tanto as que têm como as que eventualmente estiver desenvolvendo.

Isso surgirá naturalmente na entrevista, e, caso não aconteça, você deverá mencionar essa rotina, destacando sua disciplina e sua organização aplicadas em seu dia a dia.

Você poderá apresentar evidências, mostrando sua agenda, suas anotações, suas planilhas, enfim, seu planejamento, além de mencionar o conhecimento que adquiriu com os estudos que realizou sobre a empresa que o está entrevistando.

Recordo-me de um caso muito interessante protagonizado por uma jovem candidata que foi pré-selecionada para uma entrevista para o cargo de vendedora na empresa do segmento do varejo, a Couro & Cia.

O caso Julia, uma história bonita e inspiradora

Participando de um processo seletivo, Julia foi avisada com apenas um dia de antecedência que deveria comparecer a uma entrevista. Surpreendentemente, ela se apresentou com cerca de quarenta páginas A4 impressas com informações sobre a Couro & Cia, que foi objeto de um estudo completo que abrangia a origem da empresa, sua missão, sua visão e seus valores, seus produtos, a matéria-prima de produção que usava e até o processo de curtume que a Couro & Cia utilizava. Tudo isso ela colheu em apenas um dia de pesquisa.

A jovem falava dos produtos da empresa com riqueza de detalhes, bem como do couro usado e de muito mais.

Preciso dizer o resultado da entrevista? Contratada e, em apenas noventa dias, promovida, tornou-se gerente de uma nova loja. Essa bela história, baseada em fatos, se passou em uma franquia instalada no shopping Manaíra, na cidade de João Pessoa.

Isso aconteceu porque a jovem havia participado de um treinamento de vendas dias antes, e, nesse treinamento, esse procedimento de estudo dos produtos e da empresa era recomendado. Ela o colocou em prática.

Aí cabe a pergunta: o que fez a diferença para Julia, a informação que ela recebeu no curso que fez ou sua determinação em colocar em prática, com afinco e profundidade, o que ouviu e aprendeu?

Com base em minha experiência, de quem já treinou milhares de pessoas, inclusive Julia, digo que o que faz a diferença é a pessoa colocar em prática o que ouve ou aprende! Lembra-se do cone do aprendizado? Pois então, pessoas assim praticam, aprendem e se destacam, enquanto outras olham e dizem para si mesmas: "Isso é bobagem, dá muito trabalho! Eu sou como sou". E, infelizmente, nada fazem para mudar, de modo muito diferente de Julia, que, com sua determinação e atitude, fez a diferença e foi, além de contratada, promovida em tempo recorde.

Parabéns, Julia! Nunca mais a vi, mas tenho convicção de que, onde estiver, está muito bem profissionalmente, porque sabe que aprender é importante e tem boa disposição para fazer o que é preciso para isso.

Aqui faço uma pergunta a você: a qual dos dois grupos você deseja pertencer? O guia com as estratégias e o passo a passo está na sua mão, e agora é com você!

Esse é um daqueles momentos na vida em que fazemos uma escolha, a que grupo eu quero pertencer?

Na escola, quando ainda somos jovens e imaturos, também fazemos escolhas como esta: primeiro dia de aula, você entra na sala e agora vai escolher a que grupo vai pertencer:

A. Vou sentar-me nas primeiras carteiras, onde normalmente ficam os mais estudiosos.
B. Vou sentar-me lá no fundão, onde a turma é mais divertida.

Vou abrir um parêntese aqui para lhes contar a seguir o resultado de uma experiência, em forma de perguntas, que fiz e ainda faço com minhas turmas de treinamento, e posso lhe dizer que já fiz isso com milhares de pessoas dos mais variados níveis de escolaridade.

Comprometimento e escolhas

Em sala com dezenas de pessoas e, às vezes, em auditórios com centenas, inicio a dinâmica pedindo que levante a mão quem acha que é mais ou menos (no sentido de esforço, comprometimento, afinco em fazer suas tarefas e postura pela busca do seu aprimoramento).

Resposta: sabe quantas pessoas levantam a mão? Nem uma sequer, nem uma!

Então continuo e faço a segunda pergunta:

"Quem aqui gostaria de se casar com uma pessoa mais ou menos?" (esse mais ou menos tem o mesmo sentido do anterior).

Novamente ninguém levanta a mão, e vêm expressões como: "Deus me livre, tá louco, nem pensar" e algumas risadas.

Sigo adiante e faço a terceira pergunta:

"Quem aqui gostaria de ter um filho mais ou menos?"

Bem, aí é que ninguém levanta o braço mesmo. Então digo:

"Ok, está claro, ninguém quer ser ou ter um companheiro ou filho mais ou menos, entendi!"

Então sigo:

"Mas, quando você matricula seu filho na escola, a instituição fala para ele: 'Se você tirar média sete, você passa!'. E aí, sete é mais ou menos ou não?"

Faz-se um enorme silêncio, que, após alguns segundos, eu interrompo com a próxima e quarta pergunta:

"E você, na escola, estudava para tirar dez em tudo?"

A resposta é não para 95% ou mais das pessoas; algumas, muito poucas, dizem sim. Aí, para encerrar, entro com a última e quinta pergunta:

"Se você, aqui, hoje, já adulto, pudesse voltar à escola, à infância, sabendo o que sabe hoje, você estudaria para tirar dez em tudo... ou faria exatamente como fez?"

A grande maioria, quase absoluta, responde que faria diferente, buscaria o dez em todas as matérias, aproveitaria melhor o tempo que teve, praticamente só para estudar.

A conclusão disso é que, uma vez adultos, temos ciência do que é melhor quando nos apresentam com clareza, mas, no dia a dia, no desenrolar da rotina, muitas vezes esquecemos que o nosso aprimoramento é o grande responsável por nossa felicidade e qualidade de vida. Aprimorar é sinônimo de esforço aplicado! Aqui procuro trazer fórmulas, técnicas e estratégias para que você se aprimore de forma estruturada e alcance seus objetivos, podendo, inclusive, ir muito além do que acreditava ser possível.

É só pegar este livro, sentar-se na primeira fila da escola da "sua" vida e aplicar-se para tirar dez em todas as matérias, porque, amigo, *a vida é uma escola*, e nós, sempre, até o último dia dela, se decidirmos agir com sabedoria, seremos *alunos em evolução*.

Você pode querer anotar alguns pontos sobre o que foi apresentado, faça-o a seguir:

> **Sexto pergaminho**
>
> Ética profissional: uma trajetória de sucesso se forja sobre alicerces de valores inabaláveis. Exemplificar integridade, honestidade, respeito pelos demais e ética no ambiente profissional é essencial para preservar a confiança de colegas, superiores e clientes. Estes pilares não apenas sustentam a confiança, mas também constroem um nome sólido e respeitado no competitivo mercado profissional.

Processo seletivo: a importância da verdade

Dando continuidade, muita atenção com a verdade. Se na vida não devemos mentir, em processo seletivo não se mente em hipótese nenhuma! A mentira identificada é fator de imediata eliminação do candidato. Portanto, o que você escrever no currículo ou falar em sua entrevista precisa corresponder à verdade!

Dizer que adota um processo pessoal de aprimoramento de suas competências, bem como do desenvolvimento de bons hábitos, será muito valorizado na entrevista, mas, tenha certeza, o entrevistador saberá extrair o quanto há de verdade ou não na sua fala.

Daí é primordial que suas afirmações estejam apoiadas em atitudes e comportamentos que evidenciam o que diz.

Portanto, amigo, *faça*! Esforce-se e faça de verdade, não importa se tudo ou apenas uma parte do que foi orientado, mas faça, aja para mudar e se aprimorar.

Faça o máximo que puder. Não é hora de ser bonzinho com você mesmo. Claro que deve respeitar seus limites, sua hora de descanso, seus momentos em família, sua atividade física, uma alimentação regular e de qualidade; mas não seja "mole" com você mesmo, não exija pouco de si. Como no velho ditado:

_____

"Sucesso só vem antes do trabalho no dicionário."

_____

Adote uma alimentação leve e saudável, assim você ficará mais disposto, com menos sono e mais alerta. E você precisa disso!

Não pense na busca por um emprego como uma partida de futebol, imaginando que a entrevista é um jogo e, sendo assim, você ganhará ou perderá aos 90 minutos do segundo tempo!

Pense na conquista do emprego como um campeonato por pontos corridos, em que a preparação dos atletas antes da competição, a cada jogo, a cada treino, é importante, e será o somatório de todos esses esforços que levará à conquista do campeonato, que no seu caso é o seu emprego.

Mais uma oportunidade para você fazer algumas anotações:

Sua nova rotina de trabalho: pesquisando vagas

Faça consulta a órgãos especializados como o Sine, o Sebrae e outros de sua cidade. Verifique quais são os órgãos que disponibilizam vagas e apresentam anúncios como: Associação Comercial, CDL, Funad — fundação que cuida de pessoas com deficiência (PCDs), além de qualificá-las e encaminhá-las para processos seletivos —, FIEP e outros.

Elabore um bom currículo "mestre", ou seja, uma base comum a todos os outros que você ajustará conforme cada vaga e empresa (falo mais sobre isso no capítulo *Seus currículos*).

Faça um levantamento bem amplo dessas fontes de anúncios e mantenha-se atento às atualizações diárias e ao surgimento de novas oportunidades. Além disso, é claro, todas as vezes que entregar um currículo ou ligar para alguma dessas empresas, você terá a oportunidade de sondar se conhecem algum site, grupo ou lugar onde você possa encontrar anúncios de emprego.

Anote tudo em seu caderno ou em sua agenda. Não perca as informações que conseguir, principalmente para evitar fazer a mesma pesquisa ou atividade duas ou várias vezes, isso seria um desperdício de tempo e muito improdutivo. É impressionante como algumas pessoas perdem um tempo precioso fazendo a mesma coisa várias vezes. Se você é assim, cure-se rapidamente!

Por exemplo: procurar a mesma informação sempre que precisar dela porque não a anotou, procurar a chave do carro sempre que vai sair porque não organizou um lugar específico para deixá-la e muitas outras coisas semelhantes a essas.

Fazendo esse levantamento, em breve terá um amplo banco de informações para trabalhar no garimpo dos anúncios mais interessantes para você.

Passe por uma boa peneira todos esses anúncios com o cuidado com que um garimpeiro procura ouro e separe os que despertarem em você vontade de participar do processo e guardam alguma coerência com suas habilidades e competências.

O estudo de cada vaga

O próximo passo é estudar cada vaga e a empresa correspondente que a oferece para depois fazer os ajustes acrescentando no seu currículo "mestre" as informações que colheu, deixando assim seu currículo personalizado para a oportunidade (no capítulo *Seus currículos*, explico esses ajustes e o que é o currículo mestre).

A seguir em nossa jornada, é chegada a hora de elaborar seus currículos, e, para ajudá-lo, selecionamos várias orientações que apresentamos no próximo capítulo.

Seguindo no assunto "sua rotina", com os currículos prontos, você deve planejar agora as entregas que poderão ser realizadas de forma presencial ou por meio virtual. Dê preferência, sempre que possível, à entrega presencial, nela você conta com a possibilidade de ocorrer um encontro com alguém do setor de RH ou da recepção que, mesmo sendo breve, pode ser uma preciosa oportunidade para você ser percebido como uma pessoa educada, simpática, proativa e gentil, além de, eventualmente, proporcionar um breve diálogo com a "pessoa certa".

Cada minuto ou apenas alguns segundos em um contato como esse pode fazer a diferença, a pessoa terá a oportunidade de observar como você se veste, como se comporta, como fala, se sorri e principalmente como trata as outras pessoas.

Acredite, essas são características que têm peso na escolha de um candidato. Claro que você terá a entrevista para evidenciar tudo isso, mas aqui, na hora da entrega do currículo, você pode, desde já, ganhar alguns pontos que podem colocá-lo mais perto da entrevista, o que é o grande objetivo do currículo.

Suponha que você deixe o currículo com a recepcionista. Vamos imaginar como ela vai entregar o "seu" currículo ao RH? O que ela vai dizer?

Hipótese 1:
Ela diz:
"Deixaram este currículo para vocês lá na recepção."
Hipótese 2:
Ela diz:
"Uma pessoa muito simpática e educada deixou este currículo para vocês na recepção."
Hipótese 3:
A recepcionista foi treinada para realizar uma boa observação da postura, da educação e dos modos de quem vem à empresa entregar um currículo e vai passar suas impressões sobre você.

Que tal estar preparado para isso? Percebe a importância de uma simples oportunidade na entrega de um currículo para um candidato preparado?

Um lembrete importante: cheque se seus dados para contato no currículo estão corretos e ativos.

Você se surpreenderia com quantas vezes nós, das empresas contratantes ou agências, selecionamos um currículo para o processo, e, na hora de contatar o candidato, ele não atende ou está com o aparelho fora de área, ou ainda pior, programado para não receber chamadas. Ai, socorro!

Em um caso desses, se houver tempo, enviamos um e-mail, mas muitas vezes também não recebemos a resposta do e-mail, e o candidato perde o processo que poderia resultar na sua desejada vaga. Cuidado com isso!

Observação importante: antes de encerrar este capítulo, quero lembrá-lo de que, ao criar e adotar uma sólida rotina de trabalho seguindo as recomendações que lhe passamos aqui, você exercitará sua organização, sua disciplina, seu estudo, sua pesquisa, seu planejamento e a administração do seu tempo.

Todas essas são poderosas ferramentas de trabalho que o levarão a conseguir seu emprego, mas quero relembrar que você também estará, por meio do exercício dessas competências aplicadas à busca do seu emprego, tornando-se um profissional muito mais interessante para as empresas.

Uma pessoa que decide fazer atividade física motivada apenas por vaidade, mas a faz com determinação, regularidade e disciplina, alcançará seus objetivos estéticos ao mesmo tempo que se tornará mais saudável, adquirindo melhor resistência imunológica, e, acredite, mesmo que seja jovem, apenas trinta ou quarenta anos, ela estará melhorando sua qualidade de vida muitos anos à frente quando alcançar a terceira idade. Exatamente como ocorrerá com você ao vivenciar o que orientamos aqui, você se tornará um profissional melhor hoje e por toda a sua carreira.

Com o que fazemos de bom hoje, colhemos os frutos de diversas formas e por toda a nossa vida.

Ficou claro? Nossa proposta com esta estratégia desenhada passo a passo é que, ao colocá-la em prática, você melhore e incorpore diversas competências ao mesmo tempo que conquista um emprego, desenvolve empregabilidade e obtém melhor qualidade de vida.

Este foi um capítulo-chave para o seu processo, afinal ele trata da sua rotina de trabalho, do seu dia a dia, do que exatamente você deverá fazer e apresenta sugestões sobre a forma como vai fazê-lo, por isso ele trouxe novamente muito do que foi visto nos capítulos anteriores, hábitos, disciplina, cuidado com sua mente e outros, só que aqui esse conteúdo, que nos capítulos anteriores foi apresentado como preparatório, agora volta ajustado à sua rotina cotidiana de trabalho na busca do seu objetivo.

Este é um momento para você escrever o que exatamente decidiu que vai fazer a partir de agora. Responda a essas perguntas: Como será minha rotina focada na busca do meu emprego? Como a colocarei em prática? O que exatamente vou fazer para ter certeza de que conseguirei?

Se tiver dificuldade para responder a essas perguntas, leia e releia este capítulo, bem como suas anotações anteriores, até formar sua convicção e construir sua rotina. Aproveite bem este momento.

SEUS CURRÍCULOS

O currículo é uma peça-chave no processo seletivo; na verdade, ele é o primeiro contato entre você e a empresa que está oferecendo a oportunidade de trabalho.

Você conhece o ditado "a primeira impressão é a que fica"? Pois bem, cabe ao currículo levar uma ótima primeira impressão que terão de você.

Mas é importante também esclarecer que o objetivo do currículo, diferentemente do que a maioria das pessoas pensa, não é conseguir o emprego para você! Na verdade, a grande missão do currículo é conseguir levá-lo à entrevista!

Note que essa interpretação muda bastante a ideia sobre o currículo e a forma como ele deve ser elaborado.

Portanto, o currículo deve chamar a atenção por sua boa estética e forma organizada como apresenta as informações sobre você, deve ser objetivo, conciso, claro, esteticamente leve e limpo. As informações ali contidas e a forma como estão apresentadas têm como "missão" despertar na pessoa encarregada de checar os currículos, seja um analista, seja o contratante final, um gostinho de "quero saber mais sobre essa pessoa".

Bingo! Se isso acontecer, você terá conseguido a entrevista ou no mínimo uma ligação telefônica de sondagem, em que a pessoa vai determinar se o chamará ou não para a entrevista.

Portanto, muita atenção ao receber essa ligação, conforme o profissional que a realizar, ela pode ser uma pré-entrevista ou sondagem sobre você e o seu currículo, então entenda que a forma como você atender essa ligação e interagir com esse profissional poderá determinar se ele vai chamá-lo ou não para a entrevista.

Por isso lembre-se de sempre atender a seu telefone com uma energia positiva em sua voz, de forma educada, proativa e simpática! Acredite, isso pode diferenciá-lo como candidato. Ao contrário, se você atender de forma negativa, desmotivada ou pouco educada, você já sabe, poderá ficar fora do processo.

Percebe agora por que nos aprofundamos tanto no capítulo *Organize sua mente*? Isso poderá ser determinante em cada etapa e durante todo o processo. Acontecerão breves momentos como este da ligação, em que seu humor, sua positividade e sua educação serão observados, e, como você já sabe, esses momentos poderão ser "decisivos".

Você precisa estar bem e otimista, pois o telefone poderá tocar a qualquer momento. Estamos vivendo uma época em que nosso telefone chega, por muitas vezes, a se tornar irritante, são tantas operadoras de telemarketing, financeiras oferecendo empréstimos e até robôs ligando para mantê-lo na linha até que venha uma pessoa lhe oferecer alguma coisa, que muitas pessoas não estão nem mais atendendo a números desconhecidos e, quando atendem, já o fazem de forma irritada e ríspida! Ora, se você está participando de processos seletivos e encaminhando currículos à espera de uma oportunidade, não pode nem pensar em cometer tal deslize, certo? Portanto, fique atento, pois nessa hora seu telefone é seu grande aliado e parceiro na tarefa.

Seu currículo deve seguir uma sequência lógica na apresentação dos seus dados (veja exemplo a seguir), e, como disse, deve despertar curiosidade, ou seja, vontade no analista de conhecê-lo pessoalmente.

O nome deste capítulo é *Seus currículos*, assim mesmo, no plural, porque, conforme o cargo para o qual o currículo se destina, a forma como você vai apresentar seus conhecimentos, suas habilidades, suas competências e suas experiências deverá variar dando maior destaque àquelas competências e experiências que guardam maior alinhamento com as atividades correlatas ao cargo a que se destina o currículo.

Portanto, cargos diferentes, currículos diferentes; cargos iguais em empresas diferentes, os currículos também devem ser diferentes.

Seu currículo deve ser feito pela ótica do binômio ou combinação "cargo + empresa". Portanto, deverá expor seus atributos de acordo com o cargo e deverá estudar a empresa para eventualmente mencioná-la no currículo.

Primeiro prepare um currículo básico, com as suas informações pessoais que serão fixas e não mudarão independentemente do cargo e da empresa para onde vai o currículo; esse será seu currículo "mestre", como exposto anteriormente, aquele que você sempre utilizará. Nele acrescentará as informações referentes às empresas que trabalhou, passagens profissionais, experiências, competências e habilidades descritas de forma a dar ênfase às informações alinhadas ao cargo e à empresa a que se destina aquele currículo. Portanto, prepare-se, pois você fará muitos currículos.

Mencionamos uma sequência lógica na apresentação de seus dados e vamos agora lhe apresentar uma base ou referência de qual deve ser essa sequência, mas não deixe de observar o critério de destacar as experiências que guardam maior alinhamento com o cargo para o qual está escrevendo ou adaptando seu currículo.

A sequência ideal de apresentação das informações em um currículo pode variar de acordo com a experiência, a formação e os objetivos de carreira, mas geralmente obedece a seguinte ordem:

1. **Dados de contato:**
   - Nome completo.
   - Endereço.
   - Número de telefone, se tiver, coloque mais de um e ainda o de uma pessoa próxima a você que se importe com seu sucesso.
   - Endereço de e-mail.
   - Perfis de redes sociais (opcional, porém recomendado).

2. **Objetivo profissional (opcional):**
   - Um breve resumo de seus objetivos de carreira e o tipo de posição que você está procurando.

3. **Resumo ou perfil profissional (opcional):**
   - Um parágrafo ou lista de pontos-chave que destacam suas principais competências, conquistas e experiências relevantes, com destaque às que se alinham com o cargo para o qual o currículo está sendo elaborado.

4. **Formação acadêmica:**
   - Comece com o grau mais recente e vá retrocedendo no tempo.
   - Nome da instituição.
   - Título do curso.
   - Data de conclusão (ou data de início e término).

5. **Experiência profissional:**
   - Comece com a posição mais recente e vá retrocedendo no tempo, você pode mudar a sequência de apresentação se tiver uma ou mais experiências em cargos que se alinhem com o processo para o qual está preparando o currículo.
   - Nome da empresa.
   - Cargo ocupado.
   - Período de emprego (datas de início e término).
   - Principais responsabilidades e realizações.
   - Use marcadores de tópicos para facilitar a leitura.

6. **Habilidades técnicas e competências:**
   - Liste habilidades relevantes para a vaga, como idiomas, software, certificações etc.

7. **Atividades extracurriculares (opcional):**
   - Participação em clubes, organizações estudantis, trabalho voluntariado etc.

8. **Prêmios e reconhecimentos (opcional):**
   - Qualquer prêmio, bolsa de estudos ou reconhecimento relevante que tenha recebido. No caso de primeiro emprego, coloque os escolares.

9. **Publicações ou trabalhos relevantes (opcional):**
   - Se aplicável, liste artigos, livros, projetos de pesquisa etc.

10. **Referências (opcional, porém muito recomendado):**
    - Mencione que "referências estão disponíveis mediante solicitação" para economizar espaço. Não é necessário listar as referências no currículo, a menos que seja solicitado.

Lembre-se de que um currículo deve ser conciso, bem formatado e fácil de ler. Use palavras-chave relevantes para a vaga a que está se candidatando, dê ênfase e destaque às competências que se alinham com a vaga e adapte o currículo para atender às necessidades específicas do empregador. Muitos analistas triam currículos nas caixas de entrada por palavras-chave, use-as no seu. Além disso, verifique sempre ortografia e gramática para garantir que currículo transmita profissionalismo.

Importante: "dar ênfase ou destacar" não significa inventar, distorcer ou manipular, isso deve ser feito com total observância à verdade, até porque, como disse, profissionais e analistas de RH são especialistas em identificar mentiras, inverdades ou até simples distorções, e, se for detectada uma mentira, certamente será um fator eliminatório. Eu, como profissional da área, estou cansado de ver pessoas serem eliminadas porque colocaram uma atividade no currículo e, ao serem perguntadas sobre como exatamente realizavam essa atividade, atrapalhavam-se, enrolavam-se e deixavam nítido que nunca a executaram.

Nesse caso, diante de uma mentira no currículo, não espere que lhe digam o motivo por que você não prosseguiu no processo, apenas vão agradecer sua participação e desejar felicidades.

Sobre o formato ou o aspecto do currículo, hoje é muito simples encontrar na internet dezenas ou até mesmo centenas de formatos interessantes para você escrevê-lo. Há sites que por um valor mínimo liberam vinte modelos diferentes de currículo, com a alternativa de você apenas preencher os espaços com seus dados e suas informações. Há outros que oferecem modelos gratuitamente, sem falar nas inteligências artificiais que, se bem alimentadas com seus dados e suas informações, podem, em segundos, escrever uma ótima base de currículo para você. Só é importante conferir e checar muito bem o que foi feito pela IA antes de utilizá-lo.

Alguns, equivocadamente, pedem para que outras pessoas ou funcionários de copiadoras façam o currículo, existem muitas alternativas, mas, sinceramente, você não deve fazer isso, é muito importante que seja você mesmo quem faça o seu. Afinal, vai precisar ser muito íntimo desse currículo, conhecê-lo em detalhes, saber cada palavra que nele foi colocada, seu significado e o que você quis exatamente dizer com ela.

É o *seu* currículo, um resumo da sua pessoa, da sua história acadêmica, de suas vivências profissionais ou em outros trabalhos voluntários, suas habilidades, suas competências e suas experiências. Mais adiante discorreremos sobre o primeiro emprego.

É muito comum no processo que, nos primeiros contatos por telefone ou na entrega do currículo, o analista faça uma ou mais perguntas sobre algo que está escrito no currículo; quando isso ocorrer, provavelmente você poderá não estar com uma cópia dele na mão para responder, aí entra a intimidade com seu conteúdo.

Nessa hora, demonstrar que não conhece muito bem o que foi escrito "pega muito mal", e você certamente não vai querer que isso aconteça. Portanto, faça você mesmo o seu currículo e lembre-se: ao fazer isso, você também somará mais um conhecimento, mais uma competência própria.

Para evitar que, ao receber uma ligação de um selecionador, você não tenha seu currículo à mão, sugiro que utilize uma pasta bem simples daquelas com envelopes plásticos para folhas de papel, coloque em cada envelope apenas um currículo e, no topo dessa folha, escreva com uma caneta mais grossa o nome da empresa para onde você direcionou aquela cópia. Com o tempo, no decorrer desse trabalho, você terá alguns currículos. Mantenha a pasta sempre perto de você e, ao receber uma ligação de uma empresa, a primeira coisa que a pessoa fará será dizer de que empresa ela é e sobre qual vaga está falando, então você irá à pasta e rapidamente terá nas mãos o mesmo currículo que seu interlocutor está olhando.

Então pesquise um formato que lhe agrade, sóbrio, objetivo e que lhe permita expor seus dados de forma organizada, como mostramos na sugestão de sequência das informações. Não se esqueça de colocar contatos alternativos, caso seu telefone esteja fora de área ou desligado, embora isso não deva ocorrer com quem procura emprego, mas, se ocorrer, você terá uma segunda chance.

Pode apresentar, em duas ou no máximo três linhas, seu propósito, como pretende contribuir com a empresa e até mencionar a empresa citando algo que estudou sobre ela, conforme sugerimos a você, por exemplo: "Criatividade, cooperação e aprendizado são características de minha atuação profissional. Atuação comprometida e com foco no alcance dos objetivos da Petrobras, com cuja missão e valores me alinho perfeitamente".

Prepare-se para falar sobre a missão, a visão e os valores da empresa, pois, após lerem seu currículo, eles com certeza vão fazer perguntas. Exemplo: "Em seu currículo, você mencionou que se identifica com a missão e os valores de nossa empresa, você pode nos falar um pouco sobre isso?".

Você pode levar uma anotação, mas deve saber falar com o que se identifica, e não apenas ler o papel, tampouco decorar, basta comentar e citar com o que se identificou.

Na seção destinada à sua formação acadêmica, apresente a última ou a mais importante, mencionando o período, a instituição e a data de conclusão; sobre as demais formações, faça uma menção reduzida.

Se tiver apenas o ensino médio, basta mencioná-lo citando a instituição e a data de conclusão, as demais como básico e fundamental serão deduzidas. Em caso de nível superior, coloque sua graduação e, havendo especialização, mestrado ou doutorado, destaque.

Você pode usar um tipo ou um tamanho de letra diferente para destacar o título da seção do currículo e outro ainda ao colocar o nome das instituições que for mencionar, por exemplo:

> **Formação acadêmica**
> **Nome da instituição de ensino** — Administração de Empresas — Turma de 1995.
> **Nome da instituição de ensino** — Pós-graduação em Gestão Empresarial — Turma de 2002.
> **Histórico profissional**

Nesta última seção, apresente suas experiências em ordem cronológica inversa, ou seja, primeiro sua experiência mais recente, então retroceda até seu primeiro emprego, ou coloque apenas os trabalhos que julgar mais adequados. Lembre-se também de colocar o nome das empresas em que trabalhou, o primeiro e último cargo que ocupou, data de contratação e data do desligamento e fale um pouco sobre suas principais atribuições nos cargos mais importantes que ocupou, ou no que mais se alinha com o cargo ao qual está concorrendo agora. Se, durante todo o período em uma empresa, você teve três cargos, destaque o período de cada cargo dando ênfase aos cargos mais elevados.

Acrescente, se tiver, referências que possam dar informações sobre você e sua passagem pela empresa.

Particularmente, em minha carreira enquanto executivo, sempre adotei como estratégia pedir uma carta ao meu líder imediato de referências da empresa destacando o que realizei e com que qualidade o fiz.

Sempre obtive, por parte de todos os líderes, boa vontade em me fornecer tal carta. Claro que estou falando de uma carta diferente daquela obrigatória por lei, do tipo, "nada consta em nossos arquivos que desabone etc.", mas, se você tiver apenas essa carta obrigatória, não deixe de apresentá-la.

Portanto, ao sair de uma empresa, solicite ao seu gestor uma carta especial, em que ele mencione o que mais se destacou em sua atuação, no cargo e/ou na empresa. Não é comum os profissionais fazerem isso, mas, se você obtiver uma carta dessas de cada empresa ou de algumas empresas por onde passou, será um grande diferencial em sua carreira.

Lembre-se de trabalhar de forma diferenciada e focada na superação das entregas que a empresa espera de você, para que seja merecedor de tal carta. Aqui é hora de destacar os cargos e as atribuições que ocupou, dando destaque aos que guardam maior alinhamento com o cargo para o qual está escrevendo esse currículo.

No caso de ser a busca pelo primeiro emprego, não há experiência profissional, apresente suas vivências em atividades sociais, trabalhos voluntários, trabalhos em igrejas e na comunidade; enfim, fale sobre o que viveu, a forma como atuou nessas oportunidades, o que fez, o que aprendeu, relate as relações humanas e em equipe, inclusive de esportes coletivos que participou, o que aprendeu com isso e outros aprendizados.

A fotografia no currículo, o dilema!

"Coloco ou não coloco minha foto no currículo?" Na hora de confeccionar um currículo, essa é uma dúvida muito comum nos dias de hoje. Esse assunto se tornou tão polêmico que chegou a ser objeto de legislações proibindo os contratantes de solicitarem que o currículo contenha foto.

A motivação desses movimentos e até de algumas legislações que foram feitas e versam sobre esse tema é evitar discriminação por aparência. Portanto, você não está obrigado a colocar sua foto no currículo. Ficou bem claro? Essa decisão é sua.

Mas a pergunta mais importante é: será que é bom para você não colocar a foto? Será que não colocar a foto realmente ajuda no processo?

Para chegar a uma conclusão sobre esse polêmico assunto, vamos falar sobre aparência, a referida, proclamada e discutida "boa aparência".

É importante estabelecer logo de saída que boa aparência não guarda relação direta com padrões de beleza, embora muitos pensem que sim.

Existem profissões que podem exigir mais da aparência em virtude da exposição ao público, por exemplo, recepcionistas, atores, modelos, comissárias de bordo e outras conforme cada empresa, mas, de modo geral, o que se entende como boa aparência é um conjunto de fatores relativamente simples e até, em alguma medida, óbvio.

Obs.: Talvez o que você vai ler a seguir não se alinhe com sua perspectiva pessoal, mas o importante é lembrar que, na busca por uma vaga para trabalho, será a organização contratante que determinará os padrões de imagem que deseja ver em seus colaboradores, e esses padrões serão usados como critério na seleção com ou sem a sua foto no currículo. Portanto, "pés no chão" e vamos em frente.

Como devo me apresentar? Que roupa devo usar?

A grande maioria das empresas busca colaboradores que apresentem um padrão neutro, sóbrio e que passe credibilidade. Há exceções? Sim, existem, mas não são muito frequentes.

Vamos aos "critérios" de boa aparência; alguns podem ser observados na foto do currículo e outros apenas na entrevista, mas vamos tratar logo de todos: cabelo organizado, seja como for o seu corte, ele deve passar um aspecto de limpeza e cuidado.

O mesmo critério se aplica à barba, você pode ter barba, mas o aspecto deve ser de barba bem cuidada. Há atividades que não permitem o uso de barba; conforme a vaga, você precisará se adaptar ou renunciar à oportunidade.

Não utilize acessórios exagerados, de preferência discretos e sempre removíveis, chamando menos atenção do que você mesmo. Minha mãe, que trabalhou com moda por muitos anos, dizia às suas clientes: "Em frente ao espelho, olhe-se e *tire* tudo que chamar muito a atenção!".

As roupas devem ser limpas, bem passadas, sem rasgos, mesmo que seja o modelo da peça, cores moderadas, sem decotes ousados, saias na altura dos joelhos e calças não muito justas, sandália social ou sapatos fechados.

Além da roupa, a higiene pessoal é determinante: banho tomado todos os dias, você pode achar estranho falar sobre banho todos os dias, mas já vimos pessoas perderem o emprego por isso, imagine em um processo seletivo.

Use desodorante ou antitranspirante, evite o aspecto de pele oleosa ou de muita transpiração. Também não deve haver nenhum tipo de odor perceptivo, e, se usar perfume, que seja suave e sem exagero.

O sorriso é muito importante, ele deve ser completo, sem a falta aparente de dentes, cuidado em manter uma escovação constante, sempre após as refeições, fazendo uso do fio dental, e mantenha-se atento ao hálito. Se ficar muito tempo sem comer ou ingerir água, a halitose pode aparecer, cuidado com esse detalhe.

Todos esses aspectos desempenham papel fundamental na busca por uma colocação profissional e estão integralmente abrangidos pelo conceito de "boa aparência", que abarca não apenas a estética, mas também a atenção dedicada à higiene pessoal e à saúde.

Estávamos falando da fotografia e acabei complementando com alguns aspectos perceptíveis apenas na entrevista. Mas não custa repetir.

Sei que é constrangedor abordar esse tipo de assunto, mas pior é não ser selecionado e perder a vaga por um desses motivos, e pior ainda é ficar sem saber por que não foi escolhido. E, pode acreditar, não vão lhe falar.

Nem todos contamos ao nosso lado com alguém que nos alerte sobre questões delicadas como essas; são assuntos difíceis de tratar, mas não falar sobre eles acaba por prejudicar ainda mais a pessoa. Nessas situações, gosto de utilizar a seguinte abordagem:

1. Tratar o assunto em particular e de forma positiva.
2. Ir direto ao ponto, mas com cuidado e tratando a pessoa pelo nome: "José, amigo, tem um assunto que eu me sinto um pouco constrangido em abordar com você, e talvez você se sinta constrangido também, mas é positivo e a ideia é contribuir com você! Podemos falar sobre isso agora?". Obtendo a permissão, diga que "às vezes" ele apresenta um certo mau hálito ou algum tipo de odor corporal. Note o cuidado ao dizer "às vezes", ok? Fica a dica!

Continuando no assunto boa aparência, higiene e saúde, a halitose, ou seja, o mau hálito, pode ser causado por diversos fatores de saúde: dentes careados, problemas estomacais ou apenas por ficar um longo período sem se alimentar, em jejum, acredite: o jejum é a terceira causa mais comum do mau hálito, segundo artigos especializados, e é a mais simples de resolver, com alguns copos de água, como já disse, ou um chiclete sem açúcar, isso pode produzir um ótimo resultado.

É muito comum que as pessoas com problema ou episódios de halitose não tenham consciência disso, elas não percebem que estão com mau hálito; portanto, quem estiver participando de processos como este que estamos tratando deve pedir a alguém de sua intimidade e que lhe queira bem que verifique se está ou não com halitose.

Você pode estranhar essas recomendações, mas saiba que um candidato pode ser eliminado do processo por fatores como esses.

Para encerrar este assunto, você pode, como estratégia, mostrar esse trecho do capítulo a alguém de sua confiança e pedir que leia, ou vocês podem ler juntos e depois pergunte: "Você identifica em mim algum destes problemas citados no texto?".

Ouça com atenção a resposta e, se houver algum problema, trate de resolver, é só isso, sem drama e sem constrangimento, afinal isso pode ocorrer com qualquer pessoa, não é verdade?

Então, de volta à foto no currículo, caso você decida colocá-la, ela deve observar os padrões estéticos mencionados que podem ser percebidos com base na foto; os outros se aplicam mais ao momento da entrevista e da entrega presencial do currículo.

Se o seu currículo cumprir bem o seu papel, em breve você terá algumas entrevistas.

Ainda sobre a foto, ela deve ser feita para esse fim específico, portanto a do seu perfil em redes sociais provavelmente não serve. Fotos na praia, com os filhos, com roupas de passeio ou com os cabelos ao vento não servem e não contribuirão com o processo seletivo de que está participando. Uma boa foto, onde você se apresenta bem, com um bom aspecto e um sorriso discreto, tem muito mais a contribuir do que a atrapalhar.

Lembrando que colocar ou não a foto no currículo é uma prerrogativa sua. Teci aqui algumas considerações sobre o assunto, mas a escolha é sua.

Agora, para o candidato "nem aí" com sua aparência, do tipo "eu sou assim mesmo e, se me quiserem, tem que ser como eu sou!", o melhor é não colocar a foto e, na hora da entrevista, se ela chegar, boa sorte! Você vai precisar.

Para encerrar esse assunto, não precisa renunciar ao seu gosto pessoal, apenas deve guardá-lo para suas horas de lazer, quando puder ficar à vontade, isto é, quando não estiver representando a empresa ou usando o uniforme da instituição que o contratou.

Pessoalmente vivi isso no início de minha carreira; de segunda a sexta, e muitas vezes nos finais de semana em viagens a negócios representando a empresa ou ministrando treinamentos pelo Brasil, eu me vestia de acordo com meu cargo e minha função: terno, colete, gravata, sapato fechado, sempre muito social como era esperado e exigido.

Porém, nos finais de semana ou nas noites de "balada", ainda solteiro, com vinte e poucos anos, a roupa era outra, muito esportiva, nos padrões da década de 1980, e isso nunca foi problema, afinal os momentos estavam muito bem separados.

Vamos falar agora sobre as redes sociais, elas podem ser boas aliadas na sua busca por emprego, você pode manter um perfil profissional onde será possível apresentar-se de forma bastante ampla, há plataformas específicas para isso, como o LinkedIn, e você pode usá-la. As empresas e agências costumam publicar vagas nessas plataformas e buscam profissionais nelas.

Nas redes de mensagem de texto, do tipo Telegram e WhatsApp, existem muitos grupos dedicados a divulgar vagas de emprego. Na Cravo Coaching, utilizamos o Instagram

(@cravocoaching), para divulgar nossas vagas e é muito comum os candidatos que enviaram currículos para as nossas vagas, quando perguntamos a eles onde viram o anúncio, responderem que o viram em um grupo de empregos em uma dessas plataformas, ou seja, os administradores ou os membros desses grupos estão sempre olhando perfis especializados, como o nosso, e compartilhando as vagas que publicamos.

Seu perfil ajuda ou atrapalha sua busca por um emprego?

Aqui é preciso ter atenção e cuidado, é muito comum as pessoas terem mais de um perfil nas redes sociais, e, dependendo do seu perfil, pode ser altamente recomendável ter mais de um e administrar muito bem as configurações de privacidade.

Há grande probabilidade de os analistas de agências ou empregadores diretos pesquisarem nas redes sociais os perfis dos candidatos e, por isso, é muito importante que você entenda que seu perfil será visto como um espelho do seu comportamento, das suas preferências, de alguns hábitos e, principalmente, do modo como se relaciona com as pessoas e as trata, destacadamente aquelas que pensam diferente de você. Por isso é muito recomendável evitar polêmicas e discussões e prestar muita atenção à forma como trata as pessoas.

Respondendo à pergunta: é importante que, se seu perfil não ajuda, que pelo menos não atrapalhe sua jornada. Portanto, recomendo que você mesmo dê essa boa olhada nos seus perfis com uma visão crítica, como se fosse você um selecionador, e responda: "Será que estão adequados?".

Faça isso com atenção e cuidado, pois já estamos na etapa de buscar vagas e distribuir seus currículos.

Hora de fazer algumas anotações sobre currículos ou outros insights, aproveite o espaço que deixamos para você.

ESTRATÉGIAS NA BUSCA POR OPORTUNIDADES E DISTRIBUIÇÃO DOS SEUS CURRÍCULOS

Agora é chegada a hora certa de buscar as oportunidades de trabalho. Claro que o currículo será uma peça-chave nesse processo, e, se você está seguindo as orientações compartilhadas, a essa altura seu "currículo mestre" já deve estar pronto ou perto de ficar.

Então agora você vai trabalhar em duas frentes: pesquisar e selecionar as vagas do seu interesse, conforme orientamos no capítulo anterior (p. 102), e definir como será o currículo que vai enviar conforme o binômio vaga + empresa.

Buscar oportunidades de trabalho hoje em dia é uma atividade de pesquisa e busca na internet, nas redes sociais, nos aplicativos como os de mensagens, nos grupos de empregos, como já citado; há também os sites de empresas especializadas em vagas de trabalho, além das associações de classe e de outras entidades que, em sua maioria, trazem em seu sítio na internet um espaço dedicado a informar oportunidades de trabalho e até receber currículos.

Sobre busca por vagas, vamos compartilhar um critério, comece a mapear as vagas que encontrar dividindo-as em três grupos, a saber:

1. Preferenciais.
2. Desejáveis.
3. Aceitáveis conforme seu grau de necessidade.

Para cada vaga selecionada, você fará um registro, pode ser em um computador; se não dispuser de um, faça à mão na agenda ou no caderno que mencionamos que você deve ter.

Sugiro um caderno universitário de múltiplas matérias, e nele você deve reservar ao menos quatro páginas para cada vaga selecionada; na primeira, anote todos os dados sobre o anúncio ou apenas o cole no topo da página. Feito isso com os anúncios de seu maior interesse, comece o trabalho de pesquisa e estudo sobre a vaga e sobre a empresa solicitante.

Se o anunciante for uma agência de empregos e, por uma questão de sigilo, não tiver mencionado a empresa solicitante, procure saber ao menos o ramo de atividade, se puderem lhe informar isso, ótimo, seu estudo já será mais completo, mas, se não informarem, trabalhe com as informações disponíveis e pesquise sobre o cargo e suas funções; quando tiver acesso ao ramo de atividade e ao nome da empresa, então você poderá aprofundar o seu estudo.

Isso pode acontecer ou não, no entanto, se acontecer, provavelmente será apenas pouco antes da entrevista. Há processos cuja vaga permanece confidencial, e a entrevista pode transcorrer sem que o candidato saiba para qual empresa está sendo entrevistado, o candidato saberá apenas o cargo e talvez o ramo.

Nossa ideia aqui é que você não seja pego de surpresa! Nesse caso, o que estudou sobre o cargo e o ramo de atividade do negócio será de grande valia para você na entrevista.

Portanto, o foco do seu estudo deve ser o *cargo*; *caso não lhe seja dada informação sobre o ramo e a empresa, será no seu conhecimento sobre o cargo que você vai se apoiar na entrevista*; se informarem o setor de atividade da empresa, *pergunte o porte* e, se souber *qual é a empresa*, estude-a com a maior profundidade que conseguir.

Você precisa chegar à empresa ou à entrevista virtual tendo estudado tudo o que conseguiu; o cargo é claro que você conhecerá, estude-o, o que é, como se executam as suas funções e qual é a tendência futura para essa profissão. Conseguiu saber o porte da empresa? Ótimo, estude o cargo em empresas de porte semelhante ao da empresa em que está concorrendo à vaga, e o mesmo vale para o ramo de atividade, e, se souber qual é a empresa, aprofunde seu estudo e faça uma pesquisa completa.

Sabendo qual é a empresa, estude as informações mais importantes ou as que conseguir sobre ela. Por exemplo: tempo de existência; o ramo ou, se tiver mais de uma área de atuação, quais são elas; a missão, a visão e os valores. Além disso, procure saber um pouco da história da empresa e seus objetivos.

Essas informações normalmente são encontradas com facilidade no site das empresas ou em seu perfil profissional nas redes sociais. Ao estudar os empreendimentos, você se preparará melhor e de forma diferenciada para a entrevista.

Lembra-se da história que contei sobre os dois amigos que foram passear a pé próximo ao acampamento nas savanas africanas? Pois então: calce o seu tênis.

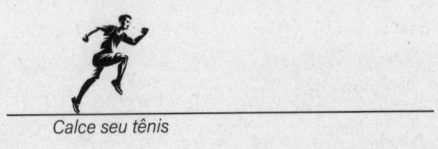

Calce seu tênis

A verdade é que a grande maioria dos candidatos se prepara apenas para falar sobre si mesmo, por isso aquele que demonstrar que estudou a empresa, entendeu seus objetivos e conheceu os valores da organização se diferenciará significativamente, e eu quero que esse candidato seja *você*! Que *você* se diferencie e conquiste o seu emprego!

Não se preocupe em decorar as informações, no próximo capítulo, dedicado à entrevista, vamos lhe dar dicas importantes de como se preparar para falar sobre esse e outros assuntos durante sua entrevista.

A ideia do caderno com várias matérias, do qual você deverá reservar quatro páginas para cada anúncio, é que você *escreva* de próprio punho tudo que estudou sobre a vaga, o cargo e a empresa, interagindo com as informações e se tornando mais íntimo delas. Essa prática lhe dará a necessária segurança.

Lembra-se do cone do aprendizado que apresentamos na página 38?

Cone do aprendizado		
Depois de duas semanas tendemos a nos lembrar de:		Natureza do envolvimento
90% do que dizemos e fazemos	Colocando em prática	Ativa
	Simulando a experiência real	
	Fazendo uma apresentação dramática	
70% do que dizemos	Conversando	
	Participando de um debate	
50% do que ouvimos e vemos	Vendo a tarefa concluída no local	Passiva
	Assistindo a uma demonstração	
	Vendo uma exposição	
	Assistindo a um filme	
30% do que vemos	Olhando fotos	
20% do que ouvimos	Ouvindo palavras	
10% do que lemos	Lendo	

Fonte: Cone do aprendizado, adaptada de Dale (1969).

Esse caderno pode acompanhá-lo na entrevista, e você pode abri-lo e consultá-lo, afinal entrevista não é uma prova oral, na verdade, é apenas uma conversa que objetiva proporcionar maior conhecimento entre pessoas com foco em um trabalho.

Provavelmente o entrevistador lhe perguntará o que você tem nesse caderno. Ótimo, então ele terá dado a você a preciosa oportunidade de falar sobre o que estudou a respeito da empresa e de dizer que gostou muito do que viu e que isso aumentou sua vontade de fazer parte dela. Mas prepare-se, porque ele com certeza vai lhe perguntar o que viu sobre a empresa, o que gostou, e então a conversa pode fluir muito a seu favor.

Voltando ao tema da separação dos anúncios e das vagas por seu nível de interesse, fazendo isso você organizará seu trabalho, afinal, como dissemos logo nas primeiras páginas, "conseguir seu emprego é o seu trabalho", e todo trabalho organizado tende a ser mais eficiente.

Com as vagas selecionadas, devidamente estudadas e organizadas, é hora de fazer ajustes ou complementos em seu currículo mestre.

Ou seja, olhando para a vaga específica que é seu foco, você deve fazer uma reanálise das suas experiências, vivências e competências, buscando ordená-las e destacá-las da forma mais alinhada e compatível possível com as características da função e dos requisitos do anúncio.

Assim, ao redigir seu currículo, você poderá realizar os devidos destaques específicos.

O estudo da vaga deve ser feito mediante pesquisa na internet das suas atribuições, seja o cargo de diretor financeiro, gerente de produção, gerente comercial, especialista em logística, encarregado, vendedor, atendente, não importa o cargo nem seu nível anterior de conhecimento e até de vivência nele, ao estudá-lo, você vai encontrar novas interpretações ou entendimentos sobre a função que poderão enriquecer sua entrevista. É muito comum haver variações nas funções de um cargo de mesma denominação, conforme a empresa onde é exercido.

Para ilustrar isso, vou citar uma excelente publicação.

Barão de Mauá, o empreendedor do império

Irineu Evangelista de Souza, conhecido como Barão de Mauá, foi o primeiro grande empreendedor brasileiro, ainda na época do Império. Órfão de pai, aos 11 anos de idade trabalhava como balconista, no comércio do Rio de Janeiro e aos 30 era considerado grande empresário na área de importação e exportação. Mauá teve um sucesso extraordinário nos negócios. Em sua época detinha oito das 10 maiores empresas do país e controlava 17 empresas, com filiais operando em seis países. Sua fortuna em 1867 era maior que o orçamento do Império do Brasil e estima-se que seria equivalente a 60 bilhões de dólares em valores atuais, o que o colocaria hoje entre os cinco homens mais ricos do planeta.[2]

A obra é fantástica e relata a história de um homem bem à frente de seu tempo, incrível ler sua organização e a forma como, nos idos de 1800, Mauá se comunicava com uma gigantesca rede de contatos ao redor do mundo.

Trouxe o exemplo do Barão de Mauá para evidenciar como o mesmo cargo em duas empresas diferentes pode ser executado de formas completamente diversas.

Nesta obra há o relato de que, aos onze anos, Mauá começou a trabalhar naqueles grandes armazéns localizados na região do porto do Rio de Janeiro; eram esses armazéns que

---

2 Caldeira, Jorge. *Mauá*: empresário do império. Cia. das Letras, São Paulo, 1995.

recebiam as mercadorias vindas em navios, e, a partir deles, eram distribuídas por todo o país pelos chamados caixeiros viajantes. Nesse início de sua vida, Mauá trabalhou em dois armazéns, um era de um português e o outro de um inglês, e lá Mauá ocupou exatamente a mesma função, e a forma como o trabalho era executado em um era completamente diferente da forma como era executado no outro. Mercadorias, como grãos, que eram controladas saca a saca, no outro eram controladas quilo a quilo. Dá para imaginar a diferença na precisão do controle e os impactos disso nos resultados dos armazéns?

Fui longe na história para referenciar como um cargo do mesmo nome pode ser muito diferente de uma empresa para outra e para trazer um pouco dessa belíssima história de um grande brasileiro, do qual muitos dizem ser o responsável por ser "brasileira" a Floresta Amazônica.

Portanto, estude o cargo, mesmo que você já o tenha desempenhado em alguma empresa, pois esse estudo pode ampliar seus recursos para falar sobre ele na entrevista.

Exemplo de cargo, um bem simples: especialista em marketing digital. Você pode pesquisar no Google ou em sites de IA (Inteligência Artificial), escrevendo "funções de um especialista em marketing digital". Você vai se surpreender com a qualidade e a amplitude do que pode encontrar, veja esta resposta obtida após breve pesquisa:

Como especialista em marketing digital, seu trabalho é ajudar as empresas a promover seus produtos e serviços on-line. Algumas das suas responsabilidades podem ser:

1. Desenvolver estratégias de marketing digital: trabalhar com os equipamentos de marketing e negócios para desenvolver estratégias efetivas de marketing digital que ajudem a alcançar os objetivos da empresa.

2. Criar campanhas publicitárias: desenvolvimento e execução de campanhas publicitárias on-line que possam atingir o público adequado e aumentar a visibilidade da empresa.
3. Análise de dados: usando ferramentas de análise de dados para entender melhor o comportamento do usuário e melhorar as estratégias do marketing on-line.
4. Gestão de redes sociais: cria e administra as contas da empresa para chegar ao público-alvo e melhorar a imagem da marca.
5. SEO E SEM: otimização de motores de busca e marketing em buscadores para melhorar a visibilidade da empresa on-line e aumentar o tráfego do site.
6. E-mail marketing: criação de campanhas de e-mail marketing para levar aos clientes potenciais e fidelizar os existentes.

Em resumo, o especialista em marketing digital tem como objetivo ajudar as empresas a melhorarem sua presença on-line, aumentarem sua visibilidade e alcançarem seus objetivos.

Entendeu o que eu quis dizer? Uma pessoa pode ter ocupado o cargo de *responsável por marketing digital* em uma ou mais empresas, mas pode ter exercido apenas uma parte desse conjunto de atividades, e, na entrevista, se falar apenas sua experiência na função, ela pode não atingir as expectativas da empresa contratante, daí a importância de estudar o cargo.

Você pode não ter executado todas as funções que a descrição do cargo apresenta, mas, se falar sobre as atividades que já desempenhou, demonstrar que conhece todas as demais atividades e que tem sede por conhecimento, vontade de aprender e disposição para isso, o cargo pode ser seu! Compreende?

Você vai encontrar muitas respostas, faça um resumo, sublinhe o mais importante daquilo que encontrou sobre a função e faça as anotações no seu caderno. A ideia não é que você saiba "de cor e salteado", mas que tenha uma boa noção que lhe permita manter um diálogo com o entrevistador de forma correta sobre o cargo.

Como já disse, você pode levar suas anotações com você, talvez até compartilhar com o entrevistador, mostrando que você pesquisa, estuda e se prepara para o que faz, e isso é uma competência valorizada em um profissional.

Todos os cargos têm um rico conjunto de atividades e formas específicas de se executar o trabalho.

Ao entrar na empresa, você será orientado sobre tudo isso e terá muito que aprender. Perceba como é importante o tema que abordei logo nos primeiros capítulos, quando expus a importância de aprender a lidar com mudanças.

Mesmo que você tenha muita experiência na função, é fundamental que o analista, seu interlocutor na entrevista, perceba isso, mas destaque também que você entende que as coisas são diferentes de uma empresa para outra e que você está 100% pronto para colocar seus conhecimentos a serviço da empresa, bem como conhecer e aprender rapidamente a forma como a empresa deseja que as coisas sejam feitas.

Muita atenção: depois de contratado, quando for sugerir alguma ideia nova ou diferente, tenha o cuidado de fazê-lo de forma positiva, construtiva e com humildade. Não critique a forma como as coisas são feitas atualmente, não pareça superior ou mais conhecedor do assunto do que seus colegas e principalmente do que seu líder.

Outra coisa importante é: não transforme o entrevistador em entrevistado, use seu conhecimento com humildade e respeite a inteligência dele, converse sobre o que sabe, responda às perguntas e comente as convergências, as ideias comuns entre o que ele fala e o que você sabe; nesse contexto e com esses cuidados, comente, fale e pergunte. Não se retraia.

Muito cuidado ao discordar ou se opor. Isso é importante não só na entrevista, mas na vida como um todo! Não estou sugerindo que concorde com tudo, apenas que dialogue com cuidado, trocando ideias de forma construtiva e colaborativa. A divergência, se houver, deve ser tratada como hipótese ou alternativa colocada na forma de uma pergunta, e não uma afirmação categórica.

Observe quantas coisas você tem a fazer nesse seu novo trabalho de arrumar um emprego: administração do tempo; organização de um local de trabalho na sua casa; organização do seu dia a dia tanto pessoal como profissional nesse "novo trabalho"; suas atividades tais como planejamento, pesquisa, estudo, escrita de vários currículos, classificação das vagas por nível de interesse, decisão sobre se entregará pessoalmente ou enviar por e-mail o seu currículo; monitoramento, em uma agenda, das respostas; participação em entrevistas e muitas outras coisas. Viu como estará ocupado?

Pois é, tudo isso trará dois benefícios a você:

1. Acelerar muito o seu processo de recolocação, que é o seu objetivo principal.
2. Deixá-lo focado, afiado, em ritmo de trabalho, com uma rotina desafiadora, ao mesmo tempo que você se aprimora em diversas competências, tornando-se um candidato melhor.

Tudo isso manterá sua mente ocupada, reduzindo o espaço para pensamentos negativos de tristeza, autopiedade, desmotivação, prostração, podendo chegar até a uma depressão, ou seja, tudo que não lhe interessa e certamente o atrapalharia muito em seu "novo trabalho", que é colocar em prática cada atividade que lhe passamos aqui para a busca de seu novo emprego. Meu caro leitor, asseguro-lhe que não haverá espaço nem tempo para pensamentos depressivos, negativos ou pessimistas, porque você já está trabalhando para alcançar seu objetivo, e isso será 90% do seu sucesso, os 10% restantes representarão a vaga que vai ocupar, e isso será apenas uma questão de tempo, *pouco tempo* se trabalhar direitinho em tudo que lhe apresentamos.

O ditado "muito faz quem não atrapalha" se aplica também a pensamentos e sentimentos negativos. Pois fora com eles!

Organize seu caderno ou seu computador, estude cada uma das empresas e das funções, ajuste seu currículo para cada vaga, distribua-o usando todos os meios possíveis, presencialmente, por e-mail, pelos sites de empresas ou instituições, e mantenha-se proativo, sem ser inconveniente, mas ligando para saber o andamento do processo e sempre respeitando os prazos que lhe deram para uma resposta. Findo o prazo combinado para a resposta, você pode ligar no dia seguinte ou esperar mais um ou dois dias para se informar sobre o andamento do processo; aproveite para demonstrar que se identificou com a empresa, ficou interessado pelo trabalho e com vontade de contribuir com os objetivos da organização.

Manter-se ativo nesse trabalho vai fazê-lo chegar às entrevistas como alguém que está em ritmo de trabalho "a todo o vapor", com o raciocínio ativo, rápido, com sua autoestima elevada e positiva!

Isso fará toda a diferença! Você "calçou o seu tênis" e está pronto para correr mais que os outros candidatos.

Este foi um capítulo com várias abordagens. O que gostaria de anotar sobre ele? Quais ideias extraiu e pretende colocar em prática?

Sétimo pergaminho

Habilidades de comunicação: a capacidade de se comunicar eficazmente é essencial em qualquer trajetória profissional. Isso implica expressar suas ideias de maneira clara e concisa, além de dedicar atenção para garantir que seus interlocutores compreendam suas mensagens, resultando em ações concretas. O domínio da arte de ouvir ativamente, evidenciado por gestos como acenos de cabeça e contato visual, é crucial. Repetir de forma sucinta o que foi dito, demonstrando compreensão, não apenas fortalece a conexão, mas também estabelece um sólido "rapport". Aprimorar as habilidades de comunicação não só contribui para a construção de relacionamentos profissionais sólidos, mas também fomenta um ambiente de trabalho positivo e colaborativo.

DESMISTIFICANDO A ENTREVISTA: DA PREPARAÇÃO AO CONTROLE EMOCIONAL

Muito bem, se você vem realizando seu trabalho conforme orientado, a hora de participar das entrevistas está chegando, e pode ser que apenas poucas, quem sabe com duas ou três, possam resolver o problema e colocá-lo em seu emprego. No entanto, poderá haver mais, já vimos que isso não importa, e o melhor é que você esteja preparado de várias formas para quantas forem necessárias.

Por isso foi muito importante fazer um bom planejamento de trabalho investindo mais tempo no início do processo, realizando uma boa busca e classificação das vagas conforme seu nível de interesse, porque, colocando seu foco inicial nessas vagas, há uma grande possibilidade de seu emprego vir justamente de uma delas.

Para muitos, talvez a maioria, o momento da entrevista é visto como tenso e de muito nervosismo.

É natural, e isso ocorre quando colocamos excessiva expectativa na entrevista (falamos sobre isso no capítulo "Mais sobre o preparo mental"), logo nos cobramos um desempenho extraordinário, quase perfeito, como se isso fosse possível.

Lembre-se: você é um "ser humano", e, que bom, as empresas querem contratar um ser humano, claro que bem preparado, capaz e resiliente, mas não um robô.

Primeiro tire de sua mente que "toda a sua vida está em jogo na hora da entrevista", porque isso não é verdade.

É só mais uma entrevista! Repito, só mais uma entrevista! Nada mais do que isso. Lembre-se: você vem se preparando, e bem, para participar de várias entrevistas se for preciso!

Claro que precisa do emprego, tem compromissos, e a situação pode até estar apertada para você, principalmente se já está fora do mercado há algum tempo e sem auferir renda. Sei que tudo isso é duro e foi por isso que decidi escrever este livro, para que você não estivesse sozinho nesse processo, soubesse exatamente como agir passo a passo e entendesse, exatamente nessa hora, que sua vida não depende apenas de uma entrevista.

Afinal, trabalhando e colocando em prática tudo o que orientamos até aqui, de forma consistente e organizada, com certeza você terá várias entrevistas, e é exatamente isso que deve ter em mente como pensamento tranquilizador.

Então, amigo leitor, relaxe, porque você se preparou para se sair bem em todas as entrevistas.

Vamos complementar esse preparo. Vou fazer uma analogia com falar em público. Sempre ministro cursos de oratória, e neles o maior receio das pessoas é ficarem nervosas e terem o chamado "branco" na hora de falar, ou seja, não se lembrarem de nada, travarem e não saberem o que dizer.

Também acontece com vestibulandos, é muito comum os postulantes sofrerem desse medo, o medo do "branco". Isso tem um nome, chama-se "síndrome do desempenho".

Quando deixamos a preocupação com nosso desempenho na entrevista tomar uma proporção maior do que na verdade ela deve ter, então acabamos por criar um estado de elevada *ansiedade*, que nos leva ao *medo*, que por sua vez nos coloca em *estresse*.

Nesse trinômio — ansiedade + medo + estresse —, qual deles é o grande inimigo? Vamos por partes para você entender direitinho o que acontece, porque, entendendo, fica mais fácil saber lidar com a situação e afastar isso do seu caminho.

O estresse dispara um processo químico em nosso corpo; ocorre quando secretamos em nossa corrente sanguínea o hormônio adrenalina, que nos prepara para a luta e fuga, causando dilatação da pupila, aceleração dos batimentos cardíacos, tonificação dos nossos músculos, frio na barriga e uma decorrente redução na velocidade de funcionamento da área do cérebro responsável pelo raciocínio lógico, o córtex; paralelamente, ele acelera o límbico, que é a área do cérebro responsável pelas emoções, deixando-nos tensos, e desse processo resulta o tal e tão temido "branco".

Somos assim porque essa é a natureza do nosso corpo, imagine na Idade da Pedra, o homem, ao sair da caverna para caçar seu almoço, poderia facilmente virar o almoço do seu almoço, e nessa hora ele precisava muito, desesperadamente, dessa adrenalina para não ser almoçado. Mas hoje não é mais assim, portanto relaxe.

Agora que você já entende um pouco mais sobre o que acontece quando nos deixamos dominar pela ansiedade ou pelo estresse, fica mais fácil entender o que precisa fazer para interromper esse processo "físico e natural" e controlar suas reações nessas horas.

Então vamos ao que você precisa fazer, e é bem simples, vejamos: respirar, isso mesmo, existe uma forma de respirar que interrompe a descarga de adrenalina no seu corpo, e você consegue manter seu controle, sem nervosismo, ansiedade e estresse. Como é essa forma? Vamos ver juntos aqui e agora, você deve respirar fundo, inspirar lentamente pelo nariz, usando mais o abdome do que a musculatura intercostal (sabe aquela respiração de quem está dormindo? Quando você olha a pessoa e observa que a barriga dela sobe e desce à medida que respira? Já viu isso?). Muito bem, essa é a respiração mais relaxante que é possível fazer. Inspire pelo nariz lentamente usando o abdome, até sentir que seu pulmão está cheio ou quase cheio, pare de respirar por um, dois ou três segundos e depois solte o ar na mesma velocidade que inspirou, até sentir que seu pulmão está completamente vazio. Aí repita algumas vezes essa respiração, sempre de forma confortável, e, em segundos, você estará controlado e tranquilo.

Já ouviu falar das expressões "calma, respire" ou "conte até dez"? Pois é disso mesmo que estamos falando, assim você interrompe a descarga de adrenalina ou nem deixa que ela aconteça.

É comum, quando não estamos muito treinados, ou até mesmo os mais treinados, de vez em quando, sentir um pouco de nervosismo logo no início, seja em uma entrevista de emprego ou uma fala em público, seja ao dar uma entrevista para o rádio ou a televisão, mas, aplicando essa técnica, em alguns segundos a tensão passará e a pessoa ficará bem.

Acho que você entendeu, certo? Então, vamos treinar um pouco agora, assim, quando você precisar, estará bem craque na técnica.

1. Respire fundo pelo nariz lentamente usando mais o abdome, até sentir seus pulmões cheios ou quase cheios. Isso deve levar de três a cinco segundos. Se seus pulmões estiverem cheios em dois segundos, é porque você está puxando o ar muito rápido e provavelmente de modo ansioso, por isso reduza a velocidade.
2. Ao sentir seu pulmão cheio, pare, faça uma pausa por dois ou três segundos, esse tempo tem de ser confortável, não se trata de prender a respiração, mas apenas fazer uma leve pausa.
3. Por último, solte o ar pela boca calmamente até sentir os pulmões completamente vazios, conte mentalmente, é normal que, para esvaziar os pulmões, leve um pouco mais de tempo do que para enchê-los, um a três segundos mais, porque a ideia é que eles sejam completamente esvaziados. Então siga repetindo o processo até se sentir tranquilo.

Esse processo é discreto e pode ser feito em qualquer lugar, e as pessoas à sua volta provavelmente nem perceberão que você está fazendo. Isso é usado por executivos em apresentações, palestras, entrevistas no rádio ou na televisão e também se aplica muito bem em entrevistas de emprego. Faça-o enquanto aguarda sua vez de ser chamado.

E não é só isso, lembre-se de que você se preparou, está organizado e em um processo em que essa entrevista é só mais uma etapa de uma estratégia muito maior que você está implementando. Compreende isso?

Vamos adiante que temos mais para você se sair bem. Como digo nos cursos de oratória que ministro, uma situação similar do ponto de vista da tensão, a melhor maneira de se sair bem é "estar muito bem preparado".

"O homem que entende a importância de uma boa preparação será um vencedor."

Vou citar dois exemplos de pessoas extraordinárias no que faziam. Muitos atribuíam o fantástico desempenho que apresentavam em suas atividades ao fato de serem "pessoas iluminadas". Estou falando de Edson Arantes do Nascimento, o Pelé, e Ayrton Senna da Silva.

Em comum, os dois tinham uma consciência muito acima da média sobre a importância da preparação para o que faziam.

Pelé, mesmo já chamado de Rei, nunca abandonou o hábito de ser o primeiro a chegar nos treinos e o último a sair. Treinava mais que todos, treinava todos os fundamentos do futebol, cabeçadas, cobrança de faltas, escanteios e pênaltis, e ainda treinava na posição de goleiro.

Ayrton Senna, ainda criança, pedia a seu pai para que todos os dias que chovesse em São Paulo o motorista da família fosse buscá-lo na escola com o kart no reboque para que ele fosse ao kartódromo de Interlagos treinar como guiar na chuva.

Além desse comportamento, havia o diferenciado empenho dos dois em seu condicionamento físico e mental.

Não economize tempo e empenho na sua preparação!

Na oratória dizemos: se você for chamado a pronunciar uma fala de três minutos, prepare dez de conteúdo, divida-os em três ou quatro blocos e aborde, na sequência, um de cada vez. Vá por etapas.

Se esquecer o conteúdo de um dos blocos ou parte da fala que planejou, você terá muito assunto para dar sequência e concluir com sucesso sua apresentação.

Dois desses blocos serão o primeiro, de abertura, e o último, de encerramento. Os demais ficam ao centro, desenvolvimento e proposição.

Recomendo que os oradores ensaiem em frente a um espelho dezenas de vezes, não com o objetivo de decorar, pois decorar não funciona, mas sim ampliando sua familiaridade com o assunto e seu domínio dele.

Ao preparar e dominar dez minutos para falar apenas três as chances de que tudo corra bem serão muitíssimo ampliadas.

Muito bem, na entrevista a situação não é muito diferente; na verdade, é mais fácil, pois você não estará só, haverá um interlocutor, e as falas serão alternadas, caracterizando um diálogo.

Quem comanda e dirige a entrevista é o entrevistador, mas você, em alguns momentos, também terá o controle, como na abertura, ao se apresentar, em suas respostas, no encerramento e na despedida. Isso será o mínimo.

Claro que você também poderá fazer perguntas, sem ser invasivo e de preferência indagando primeiro se pode fazê-las, é bom dizer que entende caso o entrevistador não o autorize a fazê-las ou disser que, conforme a pergunta, não poderá responder-lhe.

Cada entrevista é especial e particular; portanto, prepare algumas falas. Por exemplo:

1. Sobre o cargo, afinal você o estudou e pode falar sobre o que sabe e aprendeu.
2. Sobre suas características, por exemplo: "Sou uma pessoa que gosta de aprender, sempre dedico tempo para ampliar meus conhecimentos do trabalho que faço".
3. Sou receptivo a mudanças.
4. Gosto de atuar de forma organizada.

5. Procuro sempre ser pontual com horários e com os prazos a cumprir.

Essas falas vão contribuir com sua entrevista, mas esteja preparado para uma contrapergunta, provavelmente ela virá, e o entrevistador vai checar se o que você falou é verdade, por exemplo:

"Ah! Que bacana! Você sempre dedica tempo para aprofundar seus conhecimentos! Qual sua estratégia para conseguir isso?"

"Nossa, que legal, como você faz para ser pontual?"

"Muito bom! Relate-me uma ocasião em que você fez isso."

"Como foi?"

"Qual era sua função?"

"O que estudou?"

"O que pode nos falar sobre essa função para a qual você está se candidatando neste processo?"

Note que, ao se preparar, estudando a empresa, sua missão, sua visão e seus valores, conhecendo suas metas e o que faz, estudando o cargo e a função aos quais está concorrendo, você naturalmente terá preparado um verdadeiro arsenal de assuntos para utilizar na entrevista e, por isso, se sentirá tranquilo! E caso, mesmo com tudo isso, com todo o seu preparo, você ainda se sentir tenso, não se preocupe, assim que começar a falar, vai ver que não lhe falta assunto e que tem conteúdo para responder às indagações; a tranquilidade vai aflorar naturalmente.

Siga na entrevista respondendo com calma a cada pergunta, demonstre curiosidade sobre o que a empresa espera do colaborador, mas não em tom inquisitivo, apenas como quem busca, de forma colaborativa, entender mais as expectativas da empresa.

Use um tom de voz seguro, nem muito alto nem muito baixo, nem muito rápido nem muito lento, seja educado e mostre energia adequada na forma de falar. Preparado, você estará seguro e se sairá bem!

Entenda que isso não quer dizer que será contratado, pois os fatores que determinam uma contratação são muitos, já evidenciamos isso, e, mesmo apresentando um ótimo desempenho na entrevista, você poderá não ser o escolhido para a vaga.

O importante é que você sabe que se esforçou, fez o seu melhor para se sair bem, ganhou mais experiência, praticou o que estudou, e com isso vem gradativamente se tornando um candidato cada vez melhor e mais bem preparado.

Não fique excessivamente confiante, trata-se de uma jornada, e, como tal, ela terá muitas estações, siga se preparando, sua hora vai chegar, é só uma questão de *preparo e tempo*!

Preparar-se é muito sábio, nunca sabemos o que exatamente vai aparecer em nosso caminho, por isso é importante que tenhamos o melhor preparo possível. É como ter uma caixa completa de ferramentas, talvez você nunca use todas elas, mas poderá ser decisivo tê-las à mão quando for necessário.

Vamos a algumas recomendações adicionais: mantenha, durante todo o processo, uma postura educada, gentil e otimista; entenda que a entrevista não é apenas aquele momento quando você se senta em frente ao entrevistador ou entrevistadores (pode ser mais de um entrevistador, podem ser dois, três, já vi até cinco profissionais reunidos para entrevistar um candidato). A entrevista já está acontecendo em todo e qualquer contato humano que você tiver durante o processo, desde a entrega do currículo, como já destacamos, bem como a cada telefonema a que atender, passando pela chegada à empresa, seu contato com o porteiro, com a recepcionista, a pessoa do cafezinho e qualquer outra com quem tiver contato no processo.

E não se esqueça das câmeras, sim, as câmeras de segurança podem ser usadas para observar os candidatos exatamente quando eles pensam que estão sozinhos em uma sala de espera, nos corredores ou no elevador. Tudo pode fazer parte do processo seletivo, ou não, mas a pergunta é: você vai arriscar? Eu não me descuidaria nem um minuto sequer.

Não estou dizendo que você deve ter um comportamento diferente do que lhe é natural, estou dizendo que seu comportamento nas relações de trabalho, e aí se incluem os processos seletivos, deve ser compatível com o que uma empresa espera de seus colaboradores.

Importante: isso já foi apresentado, mas é bom frisar. É mais comum do que se pode imaginar o número de vezes que ligamos para chamar candidatos para uma entrevista e eles atendem ao telefone de forma descuidada e, às vezes, até ríspida ou grosseira.

Saiba que, a depender do comportamento do candidato, o recrutador poderá mudar o objetivo da ligação e decidir ali mesmo retirá-lo do processo.

Exemplos de atendimento inadequado pelo telefone:
"Bom dia! Estou falando com o senhor ou senhora X?"
Resposta em tom grosseiro e, às vezes, até agressivo:
"Quem está falando?"
"O que você quer?"
"Quem lhe deu esse número?"
"De onde é?"
Todas essas são formas inadequadas e terríveis de se atender a uma ligação, e não precisa nem dizer que esse candidato

acaba de, no mínimo, perder pontos ou até ser descartado do processo.

Veja como isso é importante!

Quanto trabalho você teve para conquistar uma entrevista e, de repente, por uma ligação mal atendida, a oportunidade se perde, simplesmente escorrega por entre seus dedos ou palavras mal colocadas.

Sabemos que há um desgaste emocional muito grande quando passamos por um período de desemprego, aliado a isso vivemos hoje com inúmeras empresas disparando insistentemente ligações irritantes e indesejadas de telemarketing. Muitas vezes o telefone pode tocar quando a pessoa está lidando com algum problema familiar ou outras situações difíceis. Sabemos de tudo isso, mas você precisa estar atento para não deixar que nada disso atrapalhe seu trabalho pela busca do seu emprego.

Sugiro que você associe "o toque do seu telefone" à ideia de que ele lhe trará uma boa notícia! A boa notícia que você está esperando.

Portanto, atenda ao seu telefone sempre como quem está recebendo a esperada boa notícia. Claro que muitas ligações não serão a tão "esperada", mas é melhor atender a todas como se fossem do que desperdiçar uma preciosa oportunidade.

Outro erro muito comum que também já abordamos é o candidato colocar apenas um número de contato no currículo, e, quando a empresa liga, o número está fora de área ou desligado, bloqueado para receber chamadas ou simplesmente não atende.

Seu número não pode ficar bloqueado! Dê um jeito, mas seu contato é prioridade nesse momento.

Nem que precise comprar um chip pré-pago no menor valor e deixá-lo habilitado apenas para receber chamadas.

Outro ponto muito importante, como já exposto, é colocar um segundo e até um terceiro número para contato ou recados; caso o seu não esteja acessível no momento, outra pessoa receberá a ligação e lhe passará o recado.

Mas lembre-se de avisar as pessoas portadoras dos números que colocou no currículo que a qualquer momento elas poderão receber uma ligação, e será muito importante para você que elas anotem o recado e lhe transmitam o mais breve possível.

Procure colocar o contato de alguém que realmente se importa com você, que torce pelo seu sucesso e terá prazer em ajudá-lo.

Avise sua esposa ou marido, muitas vezes são eles que atendem ao seu telefone e, ao ouvirem a voz de outra mulher ou de outro homem perguntando por você, a pessoa fica um pouco reativa e, às vezes, até agressiva. Já vi acontecer e é bom evitar.

Nada disso é simpático, principalmente com alguém que está ligando para dar uma boa notícia!

Já vi bons profissionais perderem o emprego por excessiva interferência de cônjuges inconvenientes. Mas esse é assunto para um próximo livro.

Saiba que essas ligações para convidar o candidato para entrevista e para informar que a pessoa foi contratada são, sem dúvida, as ligações que os profissionais de recrutamento e seleção mais gostam de fazer!

Este foi mais um capítulo muito importante e com muitas orientações estratégicas. Chegou a hora de anotar o que achou relevante, o que decidiu colocar em prática e como fará isso.

Oitavo pergaminho

Resiliência e adaptação: o mundo profissional está repleto de obstáculos e adversidades. A resiliência é a capacidade de se recuperar rapidamente e lidar com a pressão, os fracassos e as mudanças. Ser capaz de se adaptar a novas situações, lidar com o estresse e perseverar diante dos desafios é fundamental para uma carreira de sucesso, e cuidamos muito bem disso ao longo destas tantas páginas.

OS ERROS MAIS COMUNS EM ENTREVISTAS

Primeiro, quando perguntam por que você deveria ser o candidato escolhido, e o candidato responde que é porque ele precisa ou está passando por necessidade.

Mesmo que isso seja verdade, e eu lamento que seja, lembre-se: a empresa está procurando alguém que possa contribuir para o seu desenvolvimento e a solução dos seus problemas, se ela não escolher segundo esse critério, logo quem vai acabar ficando em situação difícil será ela.

Portanto, use sua resposta para evidenciar o ganho da empresa ao escolhê-lo. Use o que estudou sobre o cargo, fale sobre seu perfil organizado e disciplinado, como lida com mudanças, como gosta de aprender e o que faz para isso.

Segundo, falar mal de empregos anteriores.

"Pega muito mal" e vão entender que você ainda não se desligou mentalmente da empresa e que não preserva a imagem de quem um dia manteve com você uma relação positiva de trabalho, mesmo que isso não tenha sido exatamente como você queria nem tenha acabado muito bem. Deixe o passado no passado, traga, sim, só o que ele tem de bom e pode contribuir para seu presente e futuro.

E há ainda o fato de que toda história tem dois lados, como eles vão saber quem estava certo ouvindo apenas o seu relato?

Terceiro, elogiar a si mesmo excessivamente.

Relate o que fez, o que sabe, responda às perguntas, se desejar ou achar oportuno, dê exemplos do que já realizou em situações semelhantes, mas poupe-se do autoelogio, isso denota comportamento arrogante ou pretensioso.

Quarto, nunca se atrase!

Se a entrevista vai ocorrer em local onde você nunca esteve antes, e não tem certeza de como chegar lá, vá antes, vá na véspera para aprender o caminho, mas não se atrase.

Aliás, nunca se atrase para nada na vida. Dica: quer ser uma pessoa diferenciada? Seja sempre pontual! Caso vá se atrasar três minutos, *o que não deve acontecer*, ligue informando que está bem perto. Pontualidade é chegar na hora, nem antes — apenas cinco, no máximo dez minutos — nem depois, nem um minuto depois. Aprendi isso muito jovem trabalhando em uma companhia de seguros inglesa.

Quinto, dizer que faz qualquer coisa.

Não há nada de errado em demonstrar disponibilidade para atuar onde for preciso, mas dizer que pode fazer qualquer coisa, bem, isso é como dizer que você não é bom em nada. Fale sobre a vaga, a função, sobre suas experiências e capacidade de adaptação e, é lógico, deixe claro que é eclético e pode apoiar outras áreas se necessário.

Sexto, postura desinteressada, desatenta e não focada.

Um estudo com recrutadores revelou que mais de 60% deles criticam o desinteresse que os candidatos demonstram na hora da entrevista.

Coloque seu celular no silencioso, em hipótese alguma olhe para ele, a não ser que vá consultar algum dado para a conversa com o entrevistador; nesse caso peça licença antes e diga o que vai fazer. Atenção ao modo como se senta, tenha papel e lápis/caneta à mão durante a entrevista, procure fazer anotações, anote o nome do ou dos entrevistadores e trate-os pelo nome, perguntando como gosta de ser tratado, mas inicie com senhor ou a senhora, mude apenas se ele indicar outra forma. Se for pessoa muito jovem, consulte que tratamento deve usar. Na sala de espera, pareça atento, focado e não distraído com o celular.

Sétimo, falar demais ou falar muito pouco, os dois são erros a serem evitados.

Responda às perguntas, faça suas colocações de forma comedida. Fale o necessário, exponha suas ideias, fale de suas experiências, mas lembre-se de que é um diálogo.

Não estranhe se houver por um determinado tempo algum silêncio, você não tem a responsabilidade de preenchê-lo com falas fora do contexto. Espere a próxima pergunta calmamente, questione se pode comentar algo sobre o cargo ou a empresa, você estudou e tem material para isso. Se houver algo que deseja falar, diga que gostaria de fazer uma colocação ou um comentário.

Evite tentar criar muita intimidade com o entrevistador, isso não é adequado. A relação deve ser de cordialidade, mas sem intimidade.

Em contrapartida, falar pouco, dando apenas respostas muito curtas ou monossilábicas — "sim", "não", "é" —, não permitirá que você exponha de forma adequada seu conhecimento e sua experiência e muito menos que o interlocutor o conheça bem, além de parecer excessiva retração da sua parte, beirando o desinteresse.

Lembre-se: você se preparou para esse momento, e não vai faltar assunto apropriado, assunto com qualidade e construtivo para você fazer uma excelente entrevista, conversando de forma leve, com uma boa energia e volume adequado de voz, nem alto nem baixo demais.

Este foi um capítulo importante com várias abordagens e temas relevantes para o seu sucesso nas entrevistas. *Não deixe de anotar o que considerou relevante* para você, seus insights e o que decidiu colocar em ação, o que fará, quando e como vai fazer.

A EMPREGABILIDADE

Citamos muitas vezes a empregabilidade, e o texto seguiu abordando diversos temas, ações, ferramentas e técnicas; todas voltadas para que você conquiste o seu emprego.

E claro que, sim, se você segui-las e efetivamente colocá-las em prática com afinco, comprometimento e disciplina, você chegará muito em breve ao seu emprego, se é que ainda não chegou.

Mas há aqui uma boa notícia para você! Tudo que você viu aqui e praticou para conquistar seu emprego são competências muito valorizadas no mercado de trabalho, vejamos:

1. Cuidar da sua mente, manter uma atitude positiva e zelar por sua autoestima.
2. Ser capaz de incorporar novos hábitos e abandonar os maus.
3. Realizar uma eficiente administração do tempo.
4. Planejar trabalhos em etapas até a conclusão completa dos objetivos.
5. Ser organizado.

6. Ter segurança em sua comunicação.
7. Realizar uma boa distribuição de tarefas.
8. Incorporar conhecimentos de forma mais rápida e efetiva.
9. Estudar, pesquisar e adaptar-se.
10. Trabalhar em home office.
11. Saber lidar com processos de mudança.

Se você colocou tudo isso em prática, considerando que o conhecimento que é praticado de forma sistemática se transforma em habilidade e que a pessoa inteligente usa o conhecimento para aprimorar-se e alcançar seus objetivos, tudo que você viu nestas páginas e praticou para conseguir o emprego são competências procuradas no mercado de trabalho, conforme já evidenciado nos capítulos anteriores.

Quem domina essas competências, provavelmente, nunca mais vai procurar emprego, não como desempregado, apenas se desejar melhorar ou buscar uma nova e melhor colocação, mas, se precisar procurar, vai encontrar com facilidade.

E é importante frisar que, independentemente do cargo, um zelador, um vendedor, uma recepcionista, um coordenador, um gerente, um diretor e até um CEO, todas essas características diferenciam esses profissionais, mantidas evidentemente as devidas proporcionalidades.

Uma vez incorporadas essas competências, será possível que uma nova realidade passe a fazer parte de sua vida profissional, a de ser um profissional constantemente convidado por outras empresas, que lhe oferecerão melhor remuneração, melhores benefícios e até quem sabe "luvas" e um contrato com estabilidade por determinado período.

Quero que você saiba que tudo isso existe no mercado de trabalho e só depende de você "virar essa chave" e fazer parte desse outro lado das relações de trabalho, "a dos profissionais disputados no mercado".

Mude sua história aprendendo a mudar você mesmo!

Último pergaminho

Competências técnicas: dependendo do campo em que você deseja ter sucesso, é importante desenvolver habilidades técnicas relevantes. Isso pode incluir conhecimento específico em sua área de atuação, habilidades de programação, competências de marketing, capacidade de análise de dados, entre outros saberes. A competência técnica, conforme o cargo a que se está concorrendo, é muito relevante, mas atualmente o comportamento, a comunicação, a cooperação, a proatividade e a capacidade de mudança e adaptação são mais relevantes na escolha dos candidatos. Claro que a competência técnica será vital, mas, em um desempate, serão essas outras competências que prevalecerão, talvez até o menos preparado tecnicamente será preferido se for evidenciado que nessas outras qualidades ele se sobressai. Por isso nosso foco se ateve ao conjunto de competências mais relevantes e com maior carência no mercado.

PALAVRAS FINAIS

A você que veio até aqui, quero reforçar que todo o conteúdo apresentado nestas tantas páginas foram conhecimentos adquiridos ou desenvolvidos ao longo de uma intensa vida de trabalho e asseguro que todos foram experienciados e vivenciados, além de terem sido compartilhados com milhares de pessoas em treinamentos; com o passar do tempo, sempre colho o testemunho dos resultados práticos que os participantes obtiveram com a aplicação do que foi compartilhado com eles. Inclusive, essa é uma estratégia de aprimoramento sistemático do conteúdo programático dos diversos treinamentos que ministro há 45 anos; o que resulta em uma avaliação média obtida de satisfação dos treinandos de 9.8, em uma escala de 0 a 10.

Portanto, o que aqui foi compartilhado com você não é teoria, mas sim um conjunto de técnicas e conhecimentos experimentados.

Meu agradecimento e fraternos votos de saúde, prosperidade e felicidade! Afinal, creio firmemente que o ser humano foi destinado à felicidade. Assim como é natural e correto que o ser humano não sinta dor física, também é natural que ele busque a felicidade. A dor física, em minha visão, desempenha o papel de um alarme que nos alerta sobre algo que não está bem. Da mesma forma, a infelicidade desempenha função semelhante; ela deve ser vista como um sinal de que algo precisa mudar em nossas vidas.

A dor física nos avisa que algo não está funcionando corretamente em nosso corpo, e a resposta adequada é identificar a causa e tratá-la antes que se agrave e cause danos irreparáveis. Da mesma forma, a infelicidade nos alerta para as áreas de nossa vida que precisam de atenção e mudança. Podemos agir para modificar as circunstâncias que a causam ou, quando isso não for possível, podemos alterar nossa perspectiva e atitude no tocante à situação.

Portanto, assim como buscamos aliviar a dor física para manter nosso corpo saudável, devemos buscar a felicidade para manter nossa mente e espírito em equilíbrio. Desejo a todos nós a sabedoria e a determinação para ouvir esses alarmes da vida e agir de maneira consciente em busca da verdadeira felicidade.

Minha mentora maior e sábia mãe dona Thereza Cravo dizia:

"Meu filho, se na vida você tiver que fazer algo de que não gosta, mas precisa fazê-lo, aprenda a gostar do que deve ser feito e faça-o com felicidade, pois, caso contrário, você terá que fazê-lo da mesma forma, só que contrariado, infeliz, aborrecido ou, pior ainda, reclamando. Ninguém merece isso, basta ser inteligente e aprender."

Luiz Cravo Cardoso
Facebook: cravocoaching e Luiz Cravo
Instagram: @luizcravo e @cravocoaching

CARTA DE DEUS

A última palavra é sempre a mais importante.
Por isso compartilho com você uma mensagem com que fui agraciado em um momento de difícil tomada de decisão na minha vida pessoal e profissional. Ela chegou a mim de uma forma inusitada: ao sair de uma casa religiosa, onde havia pedido a Deus, com toda a minha fé, uma orientação sobre que rumo profissional deveria seguir.

Era um dia de chuva, a cerimônia havia se encerrado, e, ao sair, reparei em duas senhoras em pé à porta da casa religiosa que não tinham como retornar para sua residência. Apercebendo-lhes a dificuldade, ofereci levá-las e assim o fiz: uma sentou-se no banco da frente e a outra no banco de trás do carro, cada uma delas portava uma Bíblia. Dirigi até a residência delas, passando por ruas parcialmente alagadas, o que era uma característica daquele bairro bom, mas ainda novo e carente de calçamento. Deixei-as em casa e segui para a minha residência.

No dia seguinte, ao sair para trabalhar, vi no banco de trás do meu carro um papelzinho pequeno, bem pequeno, quadrado com mais ou menos 10 cm x 10 cm.

Nele havia um texto escrito, com uma letra muito pequena, que agora compartilho com você, assim como passei a partir daquele dia a compartilhá-lo com todas as pessoas, hoje, aproximadamente 25 anos depois, milhares de pessoas, com quem estive em sala de treinamento, e vou continuar a compartilhá-lo como aqui e agora, em mais este trabalho, pois ele mudou a minha vida e sei que mudou a de muitas e pode mudar a sua também. Chama-se "Carta de Deus".

Para aqueles que não creem, esta carta é de autoria desconhecida; para mim, é divina. Ela foi a resposta às minhas fervorosas preces e, naquele dia, em 1998, *senti que Deus falou comigo*. Foi quando nasceu em minha mente a minha nova empresa: a Cravo Coaching. Fundei essa empresa com base nessa inspiração divina e no princípio de ensinamento que recebi de minha mãe, dona Maria Thereza Cravo. Sempre que tenho oportunidade, transmito esse ensinamento às minhas quatro filhas, Ana Maria, Ana Luísa, Ana Sofia e Ana Paula L. Cravo, assim como aos meus netos. Minha mãe sempre me disse: "Meu filho, aquele que não vive para servir não serve para viver".

Espero que essa carta seja tão inspiradora para você como foi para mim e tem sido para muitas pessoas.

Deus o abençoe hoje e sempre com saúde, felicidade e prosperidade!

A CARTA DE DEUS

Amado filho ou filha,

Você é um ser humano. É meu milagre. É forte, capaz, inteligente, cheio de talentos. Entusiasme-se com eles. Reconheça isso. Encontre-se, aceite-se, anime-se.

Pense que, a partir deste momento, você pode mudar sua vida para melhor. Isso se assim você quiser. E, sobretudo, se perceber toda a felicidade que pode conseguir somente pelo fato de desejá-la.

Você é meu maior milagre. Não tenha medo de começar uma vida nova. Não se lamente, não se queixe, não se atormente, não se deprima. Como pode temer se é meu milagre?

Você é único, ninguém é igual a você. Só você pode escolher o caminho da felicidade, eu o criei para aproveitar sua capacidade, e não para destruí-la.

Eu lhe dei a capacidade de pensar, de imaginar, a capacidade de amar e a de criar, a de agir e a de falar, a capacidade de escolher seu próprio destino usando sua vontade. O que você tem feito dessa imensa força? Você usa sabiamente seus dons?

Faça a opção por amar em vez de odiar. Rir em vez de chorar. Criar, e não destruir. Escolher perseverar em vez de renunciar. Elogiar, e não criticar, dar em vez de tirar. Agir, e não adiar. Bendizer, e não renegar. Escolha dar graças em vez de blasfemar. Escolha viver em vez de morrer.

Aprenda a sentir minha presença em cada ato de sua vida. Cresça a cada dia em otimismo e esperança. Abandone o medo e os sentimentos negativos. Eu sou a luz e estou sempre com você.

Busque-me. Lembre-se de mim. Vivo em você desde sempre, amando-o. E, se você vir a mim, encontrará o amor e a paz com que tanto sonha.

Tente tornar-se simples, inocente, generoso, doador. Descubra sua capacidade de se maravilhar com a criação e sinta-se humano.

Lembre-se de que você é meu maior milagre, destinado a ser feliz, com misericórdia, com piedade e com alegria, para que este mundo por onde você passa seja digno de você.

E, se você é meu milagre, use seus dons. Transforme a escuridão em luz, modifique o lugar onde vive, transmitindo esperança, alegria e otimismo a todas as pessoas. E faça sem temor, porque estou com você.

Com muito amor,

Seu Pai Eterno, Deus

FONTE Rooney
PAPEL Polen Natural 80g
IMPRESSÃO Paym